VIE DE ST JEAN-BAPTISTE DE LA SALLE.

IIe SÉRIE

GLORIFICATION DE ST JEAN-BAPTISTE
DE LA SALLE.

VIE

DE

Saint Jean-Baptiste

de la Salle,

Fondateur des Frères des Écoles Chrétiennes.

D'APRÈS

M. l'abbé JEAN-BAPTISTE BLAIN.

Société de Saint-Augustin,

DESCLÉE, DE BROUWER ET Cⁱᵉ,

MCM.

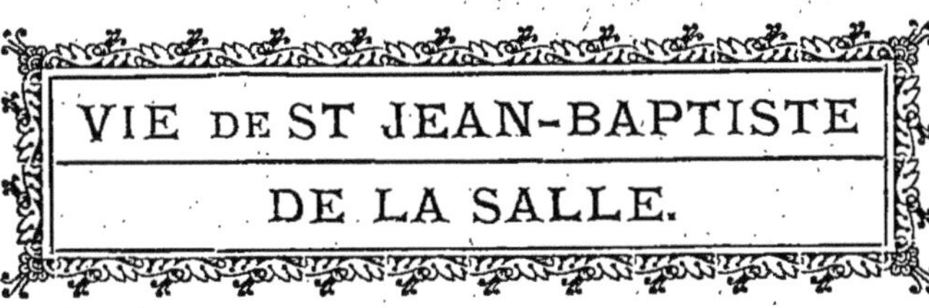

——— CHAPITRE PREMIER. ———

NAISSANCE. — PREMIÈRES ANNÉES.

REIMS en Champagne, ville autrefois si féconde en saints et en grands hommes, a eu la gloire de donner naissance à saint Jean-Baptiste de la Salle. Son père, d'une famille des plus distinguées, y remplissait avec lumière et probité la charge de conseiller au Présidial. Sa mère, issue de la famille de Brouillet, encore plus recommandable par sa piété que par sa noblesse, avait soin de cultiver, dans une édifiante retraite, des vertus qui craignent le grand monde et qui n'y sont jamais sans danger.

Celui dont nous écrivons la vie, fut l'aîné de dix enfants nés de ce mariage béni. Dieu en eut la meilleure part : trois moururent en bas âge, et de cinq garçons et deux filles, dont la pieuse famille était composée, quatre se consacrèrent au service de Dieu. Une des filles se renferma dans le monastère de Saint-Étienne-les-Dames [1] ; un des garçons entra chez les chanoines réguliers de Sainte-Geneviève, et devint prieur ; les deux autres se dévouèrent à

---

1. Fondé au XIIIe siècle, dans la ville de Soissons, ce monastère de l'ordre de Saint-Augustin fut transféré, en 1617, à Reims, où il se distingua par la ferveur des religieuses qui l'habitèrent.

l'Église, et prirent rang parmi les prêtres du Seigneur et parmi les chanoines de l'illustre église métropolitaine de Reims. Un de ceux-là fut saint Jean-Baptiste.

Il naquit le 30 avril 1651, et fut, le même jour, régénéré dans les eaux du baptême, tenu sur les fonts sacrés par monsieur Jean Moët de Brouillet, son aïeul maternel, et par madame Perrette Lespaignol, son épouse, qui lui donnèrent le nom de JEAN-BAPTISTE, par un heureux présage, qui semblait promettre que cet enfant serait, dans le dix-septième siècle, un grand modèle d'innocence et de pénitence.

Dès le berceau, il fut manifeste que la grâce le distinguait, et qu'elle en voulait faire un de ses chefs-d'œuvre. Rien de puéril en lui. Enfant, sans avoir les inclinations des enfants, il aimait les exercices sérieux, et il ne faisait rien paraître dans toutes ses actions, qui tînt de ce premier âge. Ses amusements, s'il en eut, furent des essais de vertu ; et la piété, qui est en nous le fruit lent et tardif de la grâce, prévint en lui la raison. Dévot sans affectation, il se plaisait à la prière et à la lecture des bons livres, et son penchant pour l'état ecclésiastique se remarquait déjà dans ses divertissements mêmes ; car son plaisir était d'élever de petites chapelles, de parer des autels, de chanter les cantiques de l'Église et d'imiter les cérémonies religieuses.

Les autres passe-temps n'étaient point de son goût ; et, quoiqu'il fût né gai et de belle humeur, son inclination ne le portait point aux amusements des enfants de son âge. Pour lui faire

SON PLAISIR ÉTAIT D'ÉLEVER DE PETITES CHAPELLES ET DE PARER LES AUTELS. (P. 8.)

plaisir, il fallait lui présenter des objets de piété, qui eussent rapport à Dieu et à son Église. Il le fit bien paraître un jour que, dans la maison de son père, tout était en joie et en divertissements ; car, bien loin d'y prendre part, son cœur s'y trouva si fermé, que, pour sortir de l'ennui qui l'accablait, il alla se jeter entre les bras d'une personne de la compagnie, et la pria de lui lire la Vie des Saints, en lui témoignant le dégoût qu'il ressentait des plaisirs dont il était spectateur.

L'église était dès lors comme son centre unique ; il fallait l'y mener, pour lui faire plaisir ; ses joies étaient là, et nulle part ailleurs. Ceux-là étaient ses amis, qui lui prêtaient une main charitable pour l'y conduire. Quand il en sut le chemin, et que l'âge lui permit d'y aller seul, la permission de s'y rendre était la grande grâce qu'il demandait et la seule conforme à ses inclinations, qu'on pût lui accorder. Pour le faire plus souvent, il se dérobait à ses camarades, se refusait à leurs jeux et à leurs amusements, et seul, fuyant la compagnie de tous les autres, *il allait au temple du Seigneur, adorer le Seigneur Dieu d'Israël.* (Tob., 1, 5.)

Plein de respect et de révérence pour le lieu saint, il y portait déjà cet air de recueillement et de religion qui devait le rendre lui-même, dans la suite, si digne et si respectable au pied des autels. Comme ce n'était ni la légèreté, ni la curiosité qui l'attiraient à l'église, il n'y était occupé que de Dieu et de la prière. La modestie qui animait sa jeunesse et qui donnait un nouvel éclat à sa beauté naturelle, attirait sur lui tous les yeux. Il paraissait un petit saint à ceux qui le considéraient dans ces moments, et il inspirait de la dévotion à ceux qui en avaient le moins. Les assistants, si agréablement surpris et édifiés de voir tant de piété dans une si grande jeunesse, ne pouvaient-ils pas se dire dès lors avec admiration : *Que pensez-vous que sera un jour cet enfant, car la main du Seigneur était avec lui ?* (S. Luc, 1, 66.)

Des mains de ses parents ayant passé dans celles de maîtres propres à le former aux lettres humaines, il n'eut pas plus tôt paru dans le collège de l'Université de Reims, où il fit ses premières études, qu'il devint l'exemple des écoliers et le charme et la consolation des maîtres. Son progrès dans la science et dans la vertu alla toujours d'un pas égal ; car il se fit un devoir essentiel d'allier l'une avec l'autre, et de ne jamais séparer les exercices de la piété de ceux de l'étude. L'application aux lettres, ce qui est si fort à craindre, n'altéra point en lui les sentiments de dévotion ; et l'esprit de dévotion, ce qui est si commun, ne ralentit jamais son application à l'étude.

Ainsi, Dieu et ses maîtres étant contents de lui, il l'était toujours de lui-même. Dévot sans recherche, gai sans légèreté ni dissipation, il plaisait et se rendait aimable. La sagesse, la docilité, la piété, furent comme les trois gardiennes de son innocence, et les trois caractères de sa jeunesse. Ces vertus précieuses, auxquelles il joignit un air doux et gracieux, en lui gagnant le cœur de ses maîtres, lui attirèrent l'estime et la vénération de ses camarades, qui le regardaient comme leur modèle. Voilà comment il fut l'exemple des écoliers : on va le voir devenir l'exemple des jeunes clercs.

Le jeune de la Salle, comme un autre Samuel, paraissait né pour le ministère sacré. Il était fait pour l'Église, et déjà toute son ambition le portait à s'y consacrer. Sa vocation se remarquait dans toutes ses actions ; ses inclinations, ses plaisirs, ses attraits, tout en lui disait qu'il était destiné au service des autels. Ses jeux mêmes en avaient été l'indice. Avec l'âge, cette vocation se développa de plus en plus, et les années, en se multipliant, la rendirent si forte et si vive, qu'il crut qu'il résisterait à la voix de Dieu s'il tardait à demander la tonsure.

Il se promettait de la piété de ses parents de n'y point faire obstacle, et il n'en trouva point en effet ; car sa vocation, écrite sur son front, pour ainsi dire dès le berceau, et devenue si sensible dans toute sa conduite, ne pouvait être contrariée sans s'opposer aux ordres du Ciel. Si Dieu eût laissé à ses parents le choix de la victime qu'il fallait lui offrir, sans doute que ce choix serait tombé sur quelque autre de leurs enfants, et qu'ils se fussent réservé l'aîné, qui, pour l'ordinaire, est toujours le plus cher. Mais la nature ne fut point écoutée, et la grâce, entrant dans tous ses droits, voulut consacrer à Dieu celui qui en était le plus digne. Rien n'était plus juste.

CHAPITRE II.

VOCATION ECCLÉSIASTIQUE.

QUELLE fut la joie de Jean-Baptiste quand il se vit en liberté de suivre son attrait, qui le portait, depuis qu'il le connaissait, à se consacrer à Dieu tout entier! Quelle fut sa consolation, quand il vit qu'il pouvait entrer dans un état, qui, par profession, allait le dévouer au service de l'Église et le constituer l'homme de Dieu! Il n'y a que des âmes semblables à la sienne que Dieu mène dès le jeune âge, comme par la main, à la plus grande perfection, qui puissent le concevoir et l'exprimer.

La tonsure(1) ne fut pas pour lui une cérémonie vaine, ni une apparence de renoncement au siècle et de consécration à Dieu, comme elle l'est pour tant d'autres. Sa bouche ne prononça que ce que le cœur lui dictait, en disant qu'il prenait Dieu pour son partage, et qu'il ne voulait point d'autre héritage. *Dieu devint le Dieu de son cœur*, selon les paroles du Prophète (Ps. LXXII, 26), le centre de ses affections et l'unique objet de ses désirs.

Jean-Baptiste de la Salle, devenu clerc, paraît un nouvel homme. La piété, la modestie, l'innocence des mœurs, brillent en lui avec plus d'éclat qu'auparavant sous le surplis et aux approches de l'autel. Au milieu des clercs, comme au milieu des écoliers, il est un grand exemple.

---

1. C'est le 11 mars 1662 que le Saint reçut la tonsure cléricale.

C'est un flambeau que l'évêque vient d'allumer et qu'il met sur le chandelier, afin qu'il brille dans l'église de Reims ; et bientôt sa lumière s'étendra par toute la France.

Le jeune clerc se voyant l'homme de Dieu, ou engagé à le devenir, afin de n'en pas porter en vain le titre, fit tous ses efforts pour le mériter. Un zèle encore plus ardent pour les fonctions cléricales, un attrait plus sensible pour le service des autels, un amour plus constant pour la prière, une assiduité édifiante à l'Office divin, furent la preuve qu'il *était dépouillé du vieil homme et revêtu du nouveau, créé dans la justice et dans la sainteté* (Éphés., IV, 22-24), et que ces paroles saintes, que le prélat lui avait adressées en lui coupant les cheveux et en le revêtant du surplis, avaient été efficaces, et s'étaient réalisées en sa personne, par l'opération du Saint-Esprit.

Son attrait pour chanter les louanges de Dieu, prenant avec ses jours de nouveaux accroissements, Dieu lui fit naître l'occasion de le suivre dans toute son étendue, et de faire par devoir ce qu'il faisait auparavant par l'instinct de la grâce.

Il fut pourvu, vers l'âge de quinze ans, d'un canonicat de l'église métropolitaine, le 9 juillet 1666, par la résignation de M. Dozet, archidiacre de Champagne et chancelier de l'Université de Reims. Il en prit possession l'année suivante, le 7 janvier (1).

---

1. Au XVIIe siècle, il était assez ordinaire de conférer une prébende canoniale à des jeunes gens, pourvu qu'ils remplissent

Son aïeul (¹), homme d'une piété rare, qui s'était imposé l'obligation de réciter tous les jours le grand Office de l'Église, voulut être son maître, et il se fit un plaisir de lui apprendre à le dire.

Le voilà donc en place et rendu à lui-même, dans un âge où il n'est que trop ordinaire aux jeunes gens de tourner à la perte de leur âme le premier usage de leur liberté. L'homme, né avec un fond d'orgueil inépuisable, se porte de tout son poids à l'indépendance. Secouer le joug de ses maîtres est le vœu continuel de la jeunesse, ennemie de toute gêne et de toute contrainte. Devenir maître de soi-même, disposer de ses démarches, suivre ses vues, agir par sa propre volonté, se livrer à ses inclinations, se prêter à celles d'autrui, c'est l'attrait naturel du cœur humain.

Ceux-là même qui ont de la piété sont bien aises de la conformer à leurs lumières, de la pétrir, si je puis me servir de ce terme, avec leurs penchants naturels, quand ils sont innocents. On aime à déterminer soi-même les routes que l'on veut suivre dans le chemin du ciel, et l'on se plaît à n'y aller que par où l'on veut et de la manière qu'on le veut. La tentation est délicate; il est aisé à un jeune homme qui commence à respirer un air de liberté, d'y succomber. En secouant le joug de l'autorité paternelle, on secoue assez ordinairement celui de la vertu et du de-

les conditions exigées pour obtenir des bénéfices ecclésiastiques; ils devaient notamment avoir été tonsurés. M. Pierre Dozet et M. Nicolas Roland ont été dans ce cas.

1. Jean Moët de Brouillet, grand-père maternel de Jean-Baptiste de la Salle et son parrain.

voir. Contre cet écueil, hélas ! vient même assez souvent échouer la dévotion naissante, ou qui n'est pas bien affermie.

Notre jeune chanoine sut s'en garantir avec soin. Les yeux ouverts sur ses confrères qui pouvaient l'édifier, lui donner des leçons de sagesse, lui servir de modèles en tout; il ne chercha qu'à se former sur leurs exemples. Recueilli en lui-même, il ne pensait qu'à Celui qu'il venait louer et glorifier ; et en faisant la fonction des anges, il en imitait la modestie, la révérence et la piété. Consacré par état à la prière publique, il s'attacha à la pratique des vertus qu'elle demande : la retraite, la séparation du monde, le recueillement, l'esprit intérieur.

Le cours de ses études ne souffrit pourtant aucun dommage par son entrée dans ce nouvel état. Il savait qu'un canonicat, loin d'être une dispense d'étude, en fournit de puissants motifs: motifs qui prennent leur origine du rang que tiennent les chanoines dans le clergé, des intentions de l'Église et de la pratique ordinaire des plus saints évêques. Il suivit donc l'esprit et les intentions de l'Église, en poursuivant ses études avec une nouvelle ardeur. D'ailleurs, il avait besoin de science plus qu'un autre, puisque la divine Providence le destinait à être le fondateur d'une nouvelle association d'hommes destinés à l'instruction du prochain et à la propagation de la doctrine chrétienne.

Son cours de philosophie terminé, il prit, selon la coutume, le degré de maître-ès-arts (¹).

____

1. En 1669.

INSTALLATION DE St JEAN-BAPTISTE
COMME CHANOINE. (P. 14.)

Vie de S. J.-B. de la Salle.   2

Ce premier pas qui mène au doctorat, mais qui en est encore fort éloigné, lui fit naître la pensée de l'aller chercher à la source des sciences, qui était alors l'Université de Paris. Sa résolution prise d'aller étudier en Sorbonne, d'y obtenir sa licence et d'y prendre le bonnet de docteur, il fallut faire choix du lieu où il pourrait réussir dans le double dessein qu'il avait de devenir saint et de devenir savant.

Le séminaire de Saint-Sulpice était tout désigné. Il y fut donc envoyé, et jamais maison ne fut autant de son goût. Là, à la source de l'esprit ecclésiastique, dans l'école de la plus pure vertu, où des directeurs d'un mérite distingué enseignent à courir sur leurs traces dans les sentiers de la perfection, encore plus par leurs exemples que par leurs discours, il se vit où il désirait être.

Tel était le Directeur du séminaire de Saint-Sulpice, quand notre jeune chanoine de Reims y entra ([1]). Dieu le conduisait dans des routes qui lui étaient alors fort inconnues, et qui aboutissaient à l'exécution de ses desseins éternels par des moyens pleins de force et de suavité. Dans un même lieu, il lui fit trouver les plus grands maîtres dans la double science qu'il venait chercher, les plus puissants secours pour l'acquérir, et les exemples les plus frappants pour l'encourager à y travailler avec ardeur.

Celui que la divine Providence lui destina

---

1. Saint Jean-Baptiste de la Salle arriva au séminaire le 18 octobre 1670, à l'âge de dix-neuf ans et quelques mois. Il est inscrit sur le registre de l'établissement en ces termes : « Joannes-Baptista de la Salle, acolythus et canonicus Rhemensis, admissus die 18 octobris 1670 ; exiit 19 aprilis 1672. »

pour père spirituel fut un saint de premier ordre, un séraphin dans un corps mortel, un prêtre d'un zèle apostolique, un homme qui renouvelait en sa personne les austérités des anachorètes, leurs longues oraisons et leur union à Dieu continuelle: c'était M. Baühin, célèbre directeur du séminaire de Saint-Sulpice. Il portait des marques si sensibles de la vertu la plus éminente que de grands prélats, qui se trouvèrent dans la maison quand il mourut, demandèrent avec un saint empressement quelques-uns des instruments de pénitence dont il avait martyrisé son corps, et les conservèrent comme des reliques.

Sous un tel maître, quels progrès un tel disciple ne devait-il pas faire dans la vertu! Prévenu dès l'enfance des bénédictions du Ciel les plus précieuses, entré dans une maison où une pluie de grâces inonde l'âme de tous ceux qui y viennent avec de pures intentions et un vrai désir de se donner à Dieu dans la compagnie d'une troupe de jeunes clercs de son âge, l'élite de la France, pleins de ferveur et avides, comme lui, encore plus de la vertu que de la science, enfin l'école des ecclésiastiques les plus parfaits, quels pas ne faisait point dans la route de la sainteté celui qui était venu la chercher !

Il y parut d'abord d'un naturel fort doux. Loin de s'attirer aucun reproche, ni de mécontenter personne, il se rendit fort complaisant à toutes les personnes de la maison. Il quitta ensuite ce qui pouvait tenir des airs et des maximes du monde, dans ses habits et dans son extérieur. En un mot, il fut très édifiant et l'exemple du séminaire tout le temps qu'il y demeura.

Tandis que Jean-Baptiste de la Salle demeurait dans le séminaire de Saint-Sulpice, il ne pensait qu'à croître en vertu, et à mettre à profit, pour sa sanctification, les exemples qu'il voyait et les instructions qu'il recevait. En cette sainte maison, l'unique nécessaire l'occupait tout entier. Appliqué à l'étude, appliqué à sa perfection, il faisait servir l'une à l'autre, et ne voulait d'érudition que pour se rendre utile à l'Église. Rendu à lui-même, dans un lieu où l'on n'entre que pour se donner tout à Dieu, il faisait dans sa retraite de sérieuses réflexions sur ses engagements et ses devoirs, sur la sainteté de son état, et sur la perfection qu'il demande. Après avoir délibéré s'il devait s'y fixer, et même s'y lier par des chaînes indissolubles, il s'y disposait lorsqu'il apprit la mort de sa mère, qui arriva le 19 juillet 1671.

CHAPITRE III.

MORT DE SES PARENTS. — LES ORDRES SACRÉS.

CE coup, si rude pour un cœur aussi tendre que le sien, n'interrompit point le cours de ses études ; cependant il suspendit pour quelque temps ses résolutions, de s'engager dès lors dans l'état ecclésiastique. Dieu le permettait sans doute pour les rendre plus solides et plus pures. Le chemin du Calvaire étant celui par lequel il devait marcher le reste de sa vie, la mort de sa mère fut le premier anneau de cette chaîne de tribulations qui se multipliaient avec ses jours, et qui ne se terminèrent qu'avec sa vie. Chaque jour presque aura sa peine particulière, et sera marqué au coin d'une nouvelle croix. S'il va rentrer dans le monde, ce ne sera que pour en sortir avec éclat, ce ne sera que pour en sentir les épines, pour en connaître le néant, en mépriser la vanité, en concevoir plus de dégoût, et faire avec lui un divorce entier, solennel et perpétuel.

La plaie que la mort de sa mère avait faite à son cœur n'était pas encore fermée, lorsque la nouvelle de la mort de son père en fit une autre plus profonde et plus douloureuse.

Il n'y eut entre ces deux décès que neuf mois d'intervalle, car le père mourut le 9 avril 1672. Il est aisé de comprendre ce qui se passa alors dans une âme si bien née, dans un homme d'un si bon naturel ; et quel fonds de résignation à la volonté de Dieu lui fut nécessaire pour soutenir cette épreuve. Il eut sans doute besoin de toute sa vertu pour accepter avec la paix du cœur de si grandes pertes. Il eut besoin de tous les secours de la grâce, que fournit le séminaire de Saint-Sulpice, pour se consoler. Par bonheur, il était dans un lieu où l'on trouve, dans des supérieurs et dans des directeurs tendres et charitables, une charité paternelle, un fonds de bonté inépuisable. Mais son retour à Reims devint bientôt nécessaire ; et c'est ce qui accrut encore son affliction.

Les affaires domestiques, le soin de sa famille, la tutelle de ses frères jeunes et orphelins, le rappelèrent, et lui firent une loi de se dérober à lui-même pour se rendre à eux. Quand on a

l'esprit ecclésiastique, et qu'on aime les sources
où il se puise, on comprend aisément la peine
qu'eut notre jeune clerc d'être obligé d'arrêter
le cours de ses études, de sortir d'une maison
qui faisait toutes ses délices, et de perdre tout
à la fois et les plus grands secours, et les plus
grands modèles de la perfection cléricale. Voilà
toutes ses vues traversées ; mais celles de Dieu
ne le sont pas. La grâce l'accompagnera partout,
et saura le mener à la sainteté par d'autres routes.

Entré dans le séminaire de Saint-Sulpice avec
grande joie, le 18 octobre 1670, il se vit con-
traint, avec une pareille tristesse, d'en sortir le
19 avril 1672 ; mais il en sortit pénétré de l'esprit ecclésiastique, plein de ferveur, et déjà un
homme parfait : au moins ne tarda-t-il pas à le
devenir.

Il n'avait que vingt et un ans, lorsqu'il se vit
chargé du soin de sa maison paternelle, de l'éducation de ses jeunes frères et de l'arrangement des
affaires domestiques. Le fardeau était lourd pour
lui à cet âge ; mais il n'était pas de caractère à
l'appesantir par des inquiétudes et des soins inutiles. L'ordre de Dieu, qu'il adorait dans la conduite de sa Providence, ne servait pas peu à le
lui rendre plus léger : car la divine volonté fut
toujours l'étoile qui dirigea ses démarches dans
la nuit obscure des embarras du siècle, et qui,
au milieu des orages et des tempêtes qui en sont
les suites, tint son esprit tranquille et son cœur
content.

Au reste, maître de lui-même dans le temps
dont nous parlons, en possession de l'héritage

paternel, et encore en pleine liberté de faire option entre le parti du monde et celui de l'autel, il fut ravi d'avoir à faire un nouveau choix, pour confirmer celui qu'il avait fait, et acquérir ainsi un nouveau mérite devant Dieu. Il ne sentit la joie d'être libre, que pour avoir celle de ratifier dans un âge mûr, par des vœux irrévocables, sa consécration à Dieu, faite au sortir de l'enfance.

Il ne voulut cependant pas, dans une si importante affaire, s'en rapporter à ses propres lumières et prendre conseil de lui-même ; il avait l'esprit trop sulpicien, pour écouter une autre voix que celle de l'obéissance ; il avait vu, dans cette maison, que la plupart des jeunes ecclésiastiques ne vont à l'ordination qu'en tremblant, qu'en pleurant, et que tous ne s'y présentent que quand ils en ont reçu l'ordre de la bouche de leur supérieur et de leur directeur. Il savait que c'est par celle de l'évêque, ou de ceux qui le représentent, qu'il faut entendre ces paroles : Mon ami, montez plus haut : *amice, ascende superius.* Enfin, accoutumé à la pratique sulpicienne de ne rien faire sans permission, et de consacrer les moindres actions par l'obéissance, il n'avait garde de se porter de lui-même à une démarche de si grande conséquence.

Plein de ces sentiments, n'étant plus dans le séminaire de Saint-Sulpice, il chercha un homme qui en eût l'esprit pour le conduire, et il crut le trouver dans M. Roland, chanoine et théologal de la cathédrale de Reims. Ce zélé chanoine, d'une piété solide et éclairée, était un homme de bonnes œuvres et qui ne se bornait pas à paraître dans le chœur, ni à remplir simplement le devoir de chanoine. Il avait de grands talents, et il savait en faire usage pour la gloire de Dieu et le salut du prochain. Respecté pendant sa vie à Reims, il y a laissé après sa mort une mémoire en bénédiction. Elle y est en singulière vénération, surtout dans la communauté des Sœurs qu'il a fondée, sous l'invocation de l'*Enfant Jésus*, pour tenir des écoles gratuites en faveur des filles, dans les différents quartiers de la ville, et pour donner une éducation chrétienne aux jeunes orphelines dépourvues de tout secours. Saint Jean-Baptiste de la Salle l'ayant choisi pour son ange visible, s'abandonna en aveugle à sa conduite.

Le zèle de la doctrine chrétienne étant la vertu dominante du directeur, il n'épargna rien pour l'inspirer à son disciple. Cette matière était le sujet ordinaire des entretiens fréquents, qu'ils avaient ensemble. Ce fut donc sous la direction de cet excellent guide, que Jean-Baptiste prit du goût pour l'instruction de la jeunesse : ce fut dans le zèle de l'ancien chanoine, que le plus jeune puisa les premières ardeurs du sien pour les écoles chrétiennes et gratuites, qu'il a si heureusement établies en tant d'endroits du royaume.

La vertu de M. Roland ayant mérité toute la confiance de saint Jean-Baptiste, lui assura toute son obéissance. Celui-ci, sur les ordres de son directeur, ne différa plus de s'engager dans l'état ecclésiastique par des liens perpétuels ; et parce que l'ordination ne se faisait point à Reims, il fut obligé de l'aller chercher jusqu'à Cambrai ; il

ST JEAN-BAPTISTE CÉLÈBRE SA PREMIÈRE MESSE. (P. 27.)

y reçut le sous-diaconat à la Pentecôte de l'année 1672 (1).

Saint Jean-Baptiste conservait toujours, et le goût du séminaire de Saint-Sulpice, et le dessein d'y retourner, pour y poursuivre le cours de ses études, et s'y perfectionner dans la science ecclésiastique. Plus il avançait en vertu, plus il sentait d'attrait pour une maison qui en fournit tant d'exemples et tant de moyens pour la pratiquer. Mais les besoins de sa famille, qui le fixèrent à Reims, l'obligèrent enfin à faire le sacrifice d'un si pieux désir, et de chercher les moyens de se sanctifier là où la divine Providence l'arrêtait.

Pour y réussir, il fit de sa maison une maison de retraite, d'étude et d'oraison, je dirais volontiers une espèce de séminaire de Saint-Sulpice ; et il se borna à prendre, dans la faculté de théologie de Reims, les grades théologiques que la divine Providence ne lui permettait pas de prendre en Sorbonne. Homme d'étude et de prière, il partageait son temps entre l'une et l'autre ; et s'il leur en dérobait quelques intervalles, c'était pour les consacrer aux bonnes œuvres. Cette vie était la vie d'un fervent séminariste de Saint-Sulpice, et une préparation continuelle au diaconat qu'il reçut à Paris, par les conseils de son pieux directeur, l'an 1676.

La prêtrise lui restait à recevoir ; pour s'y disposer, il fit de nouveaux efforts sur lui-même, et il tâcha de donner à sa ferveur des accroisse-

---

1. 11 juin. Les ordres mineurs avaient été conférés à saint Jean-Baptiste le 17 mars 1668, en l'absence du cardinal Barberini, archevêque de Reims, par Charles de Bourlon, évêque de Soissons.

ments proportionnés à l'éminente dignité à laquelle il aspirait. Séparation du monde plus entière, régularité de vie plus étroite, vigilance sur lui-même plus exacte, recueillement plus profond, application nouvelle à l'étude, modestie, dévotion, assiduité dans un degré supérieur, à l'office canonial ; voilà les vertus dont il crut la pratique nécessaire pendant l'espace de deux ans, pour se disposer au sacerdoce.

Il fut ordonné prêtre le 9 avril 1678, veille de Pâques, âgé alors de vingt-sept ans, par les mains de son propre archevêque, et dans l'église métropolitaine de Reims dont il était membre. Il ne mit entre son ordination et sa première messe aucun intervalle ; car toute sa vie lui avait servi de préparation éloignée à célébrer ce redoutable sacrifice ; et, de plus, depuis deux ans entiers, il s'était appliqué à s'y disposer chaque jour, avec une ferveur nouvelle. Il savait « *que tout Pontife pris entre les hommes, est établi pour les hommes, dans les choses qui regardent Dieu, afin d'offrir des présents et des sacrifices pour les péchés.* » (Héb., v, 1.)

Il monta à l'autel pour célébrer sa première messe dès le lendemain de son ordination, dans la cathédrale, et sans aucune solennité, par le désir de se conserver dans le recueillement, dans l'union à Dieu, dans les impressions fraîches de la grâce de son ordination, et dans l'attention aux mouvements du Saint-Esprit. Voilà les raisons qui l'obligèrent de se dispenser des cérémonies d'éclat, dont l'usage dans ces occasions peut devenir un sujet de distraction, qui affaiblit la dévotion, et qui partage l'application que demande une action si sublime.

Mais de quelle manière parut-il à l'autel pour la première fois ? Comme y paraîtrait un des sept esprits bienheureux, qui sont toujours auprès du trône de Dieu, s'il descendait sur la terre pour y monter sous la figure d'un homme mortel ; c'est-à-dire avec une modestie et une dévotion qui marquaient sur sa face et dans tout son extérieur, les impressions faites sur son âme, par la grandeur des mystères qu'il allait célébrer, et qui auraient été capables d'en imprimer la foi aux hérétiques les plus obstinés.

Pour sentir la foi en la présence réelle de Jésus-Christ dans le Saint-Sacrement, et exciter en son cœur les sentiments de dévotion, il suffisait de voir le jeune prêtre à l'autel. On allait, en effet, à sa messe, pour être édifié par le recueillement, le profond respect et l'air de majesté qui l'accompagnaient dans ce ministère sacré. On l'attendait, au sortir de l'autel, pour profiter des grâces qu'il y avait reçues. Son action de grâces étant faite, on le saisissait, pour ainsi dire, de peur qu'il n'échappât, pour le consulter et l'obliger de faire part de ses lumières. Sa grande jeunesse ne mettait point obstacle à la confiance que sa piété inspirait, parce qu'on le regardait déjà comme un saint.

Il écoutait avec patience, il répondait avec bonté, il assaisonnait toutes ses paroles d'une grâce et d'une onction qui les portaient dans le cœur, et qui les rendaient efficaces. En tout ce qu'il disait, il semait des sentiments de piété, il marquait tout ce qu'il faisait par des traits de charité, il levait les doutes, il dénouait les difficultés, il donnait des règles de conduite ; il s'accommodait aux caractères, il ménageait les dispositions, il souffrait les importunités, et il savait faire entrer dans les fins de la grâce les défauts même qui lui sont opposés ; il avait la clef des cœurs et l'art de les attirer à l'amour divin. Par là, il faisait voir qu'un prêtre n'est jamais jeune quand il a l'esprit de piété. Dieu parlait par sa bouche, parce qu'il parlait incessamment à Dieu, et qu'il ne redisait aux hommes que ce que Dieu lui avait appris. Un tel prêtre était bien propre à devenir l'instrument des plus grandes œuvres de Dieu, et à être l'organe de ses oracles.

Le saint prêtre avait des sentiments si élevés de son ministère, qu'il respectait tout ce qui y avait rapport. Il voulait que tout ce qui est à l'usage de l'église, fût propre et décent. Plein de vénération pour la sainteté des sacrés mystères, il croyait que tout ce qui en approchait ne pouvait être assez riche, ni assez magnifique. Il était lui-même à cet égard saintement prodigue.

Souvent, après la communion, il entrait dans de grands ravissements ; et c'est dans ces élévations d'esprit en Dieu, qu'il apprenait la science du mépris du monde et l'art de fouler aux pieds ses jugements. Il en avait grand besoin, parce que l'œuvre à laquelle Dieu le destinait et qui lui était encore cachée, demandait un homme insensible aux traits de la malignité humaine. Comme il devait être en butte aux contradictions, aux rebuts, aux mépris, aux médisances, aux calomnies ; comme il était destiné à essuyer tout ce que l'envie invente de plus noir, tout ce que la langue méchante répand de venin, tout ce que le cœur humain a de plus satirique et de plus artificieux, il devait posséder le mépris du monde dans un degré éminent.

—————— CHAPITRE IV. ——————

L'INSTITUT DES SŒURS DE LA PROVIDENCE.

SAINT Jean-Baptiste de la Salle ne tarda pas à perdre son directeur ([1]). Cette mort, dans les conseils de la sagesse éternelle, était la voie que la Providence prenait pour amener le Saint à son but. Le jeune chanoine, devenu le successeur du théologal dans son œuvre, devint l'héritier de tout son zèle ; et, conduit par la main de la divine Providence, il passa comme à l'aveugle, sans le prévoir aucunement et sans le vouloir à l'établissement de l'Institut des Frères. Nous avons déjà dit que l'attrait de M. Roland était l'instruction de la jeunesse. La corruption, la mauvaise éducation et l'ignorance des pauvres faisaient l'objet de ses gémissements, et excitaient puissamment son zèle à y chercher un remède. Celui qu'il fut inspiré d'y apporter, dans le lieu où il se trouvait, fut l'établissement des écoles chrétiennes et gratuites.

Le remède au mal était excellent, mais il n'était pas aisé ; pour établir des écoles gratuites, il

—————————————————————

1. M. Roland mourut le 27 avril 1678, n'étant âgé que de trente-cinq ans et cinq mois.

fallait trouver des fondations, ou des ressources propres à les soutenir. Ce n'était pas assez ; il fallait chercher des maîtres et des maîtresses capables de bien instruire et de former à la piété, par leurs exemples autant que par leurs paroles, la jeunesse pauvre de l'un et de l'autre sexe : mais où les trouver ? Où trouver des personnes désintéressées, zélées, pieuses, au point que le demande une œuvre de cette nature ? S'attendre à en rencontrer comme descendues du ciel, bien formées, et en état de l'entreprendre avec succès et bénédiction, c'eût été se faire illusion par de pieuses chimères.

Il faut être disciple avant que d'être maître : il faut longtemps pratiquer, si on veut enseigner avec fruit. Il s'agissait donc d'établir des communautés qui fussent des espèces de séminaires où des maîtres et des maîtresses d'école pussent être instruits et formés, pour devenir capables d'élever la jeunesse dans la piété, et de lui enseigner la doctrine chrétienne.

Le R. P. Barré, minime, homme d'un zèle apostolique, plein de l'esprit de Dieu et puissant en œuvre et en parole, avait déjà été inspiré de le faire, et il y avait réussi par les établissements des Sœurs de la Providence, qui vont partout où on les appelle. Si cette institution a donné lieu à un grand nombre d'autres, qui se multiplient tous les jours dans les différents diocèses de France, M. Roland fut peut-être le premier qui sut en profiter, en établissant à Reims une communauté de maîtresses d'école, qui n'eut pourtant qu'après sa mort son succès entier, par-

les soins de saint Jean-Baptiste. Or, cette œuvre
de piété, que le théologal croyait si nécessaire
aux pauvres, concentra sur la fin de ses jours tous
ses vœux, ses soins et ses biens. Cette société
ne faisait presque que d'éclore sous le nom des
Sœurs de l'Enfant Jésus, lorsqu'il plut à Dieu de
rappeler à lui M. Roland. Son premier soin, au
lit de la mort, fut de prier saint Jean-Baptiste de
le remplacer, et de devenir le père de ses filles
qu'il laissait orphelines, destinées elles-mêmes à
l'éducation des pauvres orphelines.

Le Saint ne tarda pas à sentir le poids du
fardeau dont il s'était chargé, en voyant naître
sous tous les pas qu'il fit pour l'avancement du
nouvel Institut, des épines, des difficultés et des
obstacles sans nombre.

Pour donner de la solidité à l'œuvre, il fallait
obtenir l'agrément de la ville, le consentement
de Mgr l'Archevêque et les Lettres Patentes du
Roi: or c'est ce qui n'était pas aisé. Les magistrats, qui voyaient leur ville surchargée par le
nombre des communautés qui s'était grossi
depuis plusieurs années, regardaient l'établissement de celle-ci comme un surcroît de charge,
et y formaient opposition. La cour, en garde
contre la multiplication des nouveaux instituts,
ne paraissait pas disposée à accorder les Lettres
Patentes. Il y avait lieu de douter si Mgr l'Archevêque serait favorable ou hostile. Il s'agissait donc de ménager les magistrats, de gagner
le prélat et de l'engager à demander des Lettres
Patentes. Saint Jean-Baptiste n'épargna rien
pour cela, et il réussit.

Ses manières humbles et douces lui donnèrent de grands avantages sur le cœur de ses concitoyens. Persuadés d'ailleurs de la pureté de ses intentions, prévenus d'estime pour sa vertu, auraient-ils pu lui refuser une grâce qui tournait tout entière au bien de la jeunesse pauvre ?

Saint Jean-Baptiste sut lever les difficultés, répondre aux objections, dissiper les préjugés. Les titres de compatriote, de parent, d'ami, d'héritier du zèle aussi bien que de l'œuvre de M. Roland, joints à des supplications insinuantes, étaient des ressorts qui remuaient puissamment, et dont il était difficile de se défendre. On se rendit donc enfin : sa requête fut accueillie d'une manière authentique. Ce premier pas fait, il fallut en faire un second, à la vérité moins difficile ; car l'espérance de voir réussir l'affaire étant attachée à la permission de la ville, son consentement disposa Mgr l'Archevêque de Reims à accorder le sien, ce qui fut un grand acheminement aux Lettres Patentes.

En effet, Mgr Le Tellier ravi que la ville eût donné son agrément pour une œuvre qu'il devait souhaiter et procurer le premier, et qui l'intéressait plus que personne, non content d'accorder le sien, voulut se charger du soin d'obtenir les Lettres Patentes. L'affaire fut assurée dès qu'elle fut entre les mains du prélat. Les Lettres Patentes obtenues de Louis XIV, aussitôt que demandées, et ensuite enregistrées au Parlement, aux frais de Mgr Le Tellier, furent remises entre les mains de celui qui les avait si heureusement sollicitées (1).

Mgr l'archevêque fit plus : en accordant sa protection à une œuvre qu'il regardait comme sienne, il voulut y contribuer par ses libéralités et fournir de ses biens à l'établissement d'une maison qu'on peut appeler, à juste titre, un séminaire de maîtresses d'école. Par sa protection, par sa faveur, par ses largesses, elle fut très bien cimentée, et elle parvint à un état florissant et très utile au public. Ainsi, si cette communauté doit son origine à M. Roland, elle doit ses progrès aux soins laborieux de saint Jean-Baptiste. C'est ainsi que Dieu essayait les forces de son serviteur, et le préparait, par l'établissement d'une maison de maîtresses d'écoles chrétiennes et gratuites, à fonder un ordre nouveau de Frères destinés à ce même saint et noble emploi.

Quelque jeune que fût saint Jean-Baptiste, il était un homme de règle ; la régularité a toujours été l'âme de sa conduite, sa vertu chérie, et celle qu'il mettait en usage pour diriger toutes ses actions. Chez lui tout était marqué à l'heure : le lever, la prière, l'oraison, les repas, les lectures spirituelles, les exercices de piété et les autres actions de la journée ; l'office canonial y tenait le premier rang. A table même se faisaient des lectures saintes ; et, ce qui est admirable, c'est que le jeune chanoine avait su, par son exemple

---

1. Ces Lettres Patentes furent expédiées de Saint-Germain-en-Laye au mois de février, et enregistrées au parlement au mois d'août 1679.

et par ses manières insinuantes, engager ses trois autres frères, qui demeuraient chez lui, à suivre un train de vie qui sentait plus le séminaire qu'une maison de particuliers. Une manière de vie si rangée, si retirée et si pieuse ne pût être goûtée des gens du monde. Ils ne la lui pardonnèrent qu'autant de temps qu'elle demeura cachée. Quand ils en furent instruits, leurs cris, leurs railleries et leurs censures la manifestèrent à ceux qui l'ignoraient encore.

On lui faisait un crime de tout, et tout en lui était tourné en dérision. Examiné depuis les pieds jusqu'à la tête, rien en lui qu'on ne trouvât à critiquer. On lui fit un procès sur ses habits, sur son chapeau, sur son collet et sur mille autres minuties. Le jeune chanoine sut mettre à profit tout ce qu'on disait contre lui ; tant il est vrai que, selon la parole de saint Paul, *tout se tourne en bien pour ceux qui aiment Dieu.* Il s'examina lui-même, tandis que le monde l'examinait ; et, juge plus sévère contre sa propre personne que le monde même, il ratifiait ses jugements, quand il les trouvait bien fondés. Le monde, si éclairé sur les moindres défauts des gens de piété, et qui ne sait leur rien pardonner, lui servait de lumière pour découvrir au fond de son âme les imperfections qui lui étaient cachées, et il profitait de sa sévérité pour les condamner. Ceux qui lui étaient reprochés à faux, lui ouvraient les yeux sur d'autres véritables, que le monde ne voyait pas. Ainsi, le monde lui apprit à se connaître à fond et à se corriger.

Sa vie devint plus austère, la mortification de ses sens plus rigoureuse, ses oraisons plus fréquentes, ses veilles plus longues, enfin l'application qu'il donna à la plus noble partie de lui-même épuisa tous ses soins.

Le R. P. Barré, dont nous avons parlé plus haut, avait élevé tout à la fois des séminaires, pour former des maîtres et des maîtresses d'école; mais si le premier Institut parut d'abord porter du fruit, ce fruit ne fut pas de longue durée. Les maîtres, ou ne prirent jamais l'esprit de leur vocation, ou ils ne tardèrent pas à le perdre. Leur ferveur parut comme une faible lumière qui éclaire quelques moments, et qui s'éteint. Les disciples du P. Barré, fort différents de leur maître, n'étaient pas d'humeur à suivre ses leçons sur l'abandon à la divine Providence, à ne se contenter que du pur nécessaire, et à ne point mêler leurs intérêts avec ceux de Dieu. Gens de prévoyance, ils pensèrent au lendemain, et ils cherchèrent à faire leur petite fortune, ou à se mettre à l'abri de l'indigence. Ainsi, par leur désertion, les écoles que le Père avait établies se détruisirent d'elles-mêmes; et ce mauvais succès ne lui permit plus d'en faire une tentative nouvelle.

Cependant le premier Institut tenté par le P. Barré et aussitôt avorté, n'était que différé aux yeux de Dieu.

L'Instituteur des Filles de la Providence, M. Roland, et peut-être quelques autres saints personnages, connaissaient l'importance du dessein de faire en faveur des garçons ce qu'ils avaient heureusement exécuté en faveur des filles : Dieu approuvait ce dessein, et cependant il l'arrêtait entre leurs mains ; pourquoi ? C'est qu'il en réservait l'exécution à saint Jean-Baptiste de la Salle. Quoique celui-ci n'ait ni la pensée ni la volonté de l'entreprendre, il en aura l'honneur ; car Dieu l'a choisi. Et pour l'exécution de sa volonté, il se servira d'un instrument non moins bien préparé.

CHAPITRE V.

LES PREMIÈRES ÉCOLES GRATUITES A REIMS.

NÉE à Reims d'une famille riche, Mme de Maillefer, devenue si célèbre, fut la femme d'un maître des comptes, à Rouen, où elle vint vivre et mourir. Tout fut grand en elle : vices et vertus ; et l'on peut dire qu'elle a porté, avant sa conversion, les uns aux plus grands excès, et les autres, après sa conversion, à la plus grande perfection. De fameuse mondaine, devenue une illustre pénitente, elle a réparé avec éclat, par de longues années passées dans des humiliations journalières, dans la pratique des mortifications les plus répugnantes à la nature, et dans l'exercice continuel des œuvres de charité les plus héroïques, les premières années de son âge livrées au luxe le plus outré, à la vie la plus molle et la plus sensuelle, et à tous les excès d'une vanité sans bornes.

Madame de Maillefer était de toutes les bonnes œuvres, elle fut des premières à seconder le zèle du R. P. Barré dans l'établissement des

Écoles chrétiennes. Elle en fonda une pour les filles à Darnétal, gros bourg presque aux portes de Rouen, très marchand et très peuplé à cause des manufactures qui y sont établies. C'est le succès de cette école, qui donna lieu à d'autres semblables pour les filles, et naissance à l'établissement des écoles pour les garçons. Voici la manière dont la divine Providence amena saint Jean-Baptiste à l'exécution de ce dessein.

Madame de Maillefer, inspirée de donner à la pauvre jeunesse de son lieu natal le secours qu'elle avait fourni à celle de Darnétal, prit des mesures avec M. Roland qui entrait bien avant dans sa confiance, et avec lequel elle avait une grande liaison de piété, afin d'y établir des écoles pour les garçons. Toutes les mesures étaient prises pour faire réussir cette entreprise, dès l'année 1673, mais elles avaient été renversées par la mort du théologal. La généreuse dame n'en fut pas déconcertée ; et, contre toute espérance, elle espéra faire réussir un dessein qui devait donner ouverture, sans qu'elle le sût, à l'établissement de l'Institut des Frères.

M. Roland lui ayant manqué, elle fut inspirée de chercher à Reims quelqu'un qui pût le remplacer. L'affaire était délicate et difficile. Les contradictions que l'établissement pour les filles avait rencontrées à Reims, ne permettaient pas de douter qu'un semblable projet pour les garçons n'essuyât les mêmes orages. Il fallait donc, pour réussir, un homme zélé et adroit, souple et insinuant ; elle le trouva dans M. Adrien Niel, natif de Laon, âgé pour lors d'environ 55 ans.

Il avait reçu de la nature les talents propres pour ces sortes d'œuvres. D'un caractère vif et remuant, il était toujours prêt à rompre le premier la glace, et à tenter quelques nouvelles entreprises. D'ailleurs il était préparé à l'œuvre pour laquelle Madame de Maillefer le crut propre ; car il en avait fait l'essai à Rouen, où il avait commencé avec succès des écoles gratuites pour les garçons. Afin de pourvoir à sa subsistance et à celle d'un petit garçon de quatorze ans qui l'accompagnait, la pieuse dame s'était engagée à leur fournir tous les ans cent écus de pension, et elle leur en avait fait un billet.

Avec cette assurance, M. Niel partit pour Reims, en 1679, bien instruit des intentions de celle qui l'envoyait, et chargé de lettres adressées à la Supérieure des Sœurs de l'Enfant-Jésus, qui était au fait des desseins projetés du vivant de M. Roland. Cette pieuse fille, qui avait été à Rouen Supérieure de la communauté de la Providence, et qui était connue de M. Niel, se trouvait alors à la tête de la nouvelle communauté de feu M. Roland, à qui le P. Barré l'avait envoyée.

Monsieur Niel, arrivé à Reims, sonnait encore à la porte de la communauté des maîtresses d'école lorsque saint Jean-Baptiste y arriva. L'un et l'autre se virent pour la première fois sans se rien dire, et avec l'indifférence de gens qui ne se connaissent point, et qui connaissent encore moins les rapports qu'ils vont avoir ensemble. M. Niel étant entré, après les premiers compliments expose à la Supérieure le sujet de son voyage et lui remet en mains les lettres de Madame de Maillefer. Saint Jean-Baptiste n'était pas présent. En entrant dans la maison, il avait laissé l'étranger, dont il ignorait la mission, conférer librement avec la Supérieure. Que pouvait-elle répondre ? Si M. Niel ne lui était pas inconnu, son dessein, quoique projeté du vivant de M. Roland, lui paraissait neuf, l'entreprise hardie, et le succès bien difficile ; mais ce n'était pas à elle à former des objections ni à prêter ses lumières. Celui qui devait lever toutes les difficultés, était dans la maison ; M. Niel, sans le connaître, l'avait vu entrer ; c'était à lui à paraître et à parler : la Supérieure l'en supplie, après l'avoir fait avertir et prier de venir. Parmi les lettres de Madame de Maillefer, dont M. Niel était porteur, il y en avait une pour saint Jean-Baptiste : elle était sa parente et elle le priait d'aider de son crédit M. Niel, et de seconder son zèle, afin de faciliter à Reims l'ouverture des Écoles gratuites et chrétiennes pour les pauvres.

Les lettres de Madame de Maillefer lues, le dessein de M. Niel exposé, saint Jean-Baptiste en comprit l'importance, la nécessité et les avantages ; il en désira le succès, mais il prévit les difficultés, et il en sentit les épines.

Les vœux de M. Roland eussent été accomplis dans toute leur étendue, s'il eût vu ce dessein exécuté ; mais la mort ne lui avait pas permis d'y mettre la main ; c'était donc, en quelque sorte, un devoir pour saint Jean-Baptiste de

IL DONNE SES BIENS AUX PAUVRES. (P. 62.)

favoriser le projet exposé par M. Niel. Il devait ce service à la mémoire du pieux défunt, et la bonté de son cœur ne lui permettait pas non plus de le lui refuser. D'ailleurs, il ne s'agissait pas de l'entreprendre, encore moins de s'en charger : les choses n'en étaient pas encore à ce point.

Saint Jean-Baptiste ne croyant donc s'engager à rien, s'offrit avec une tendre charité à rendre à M. Niel tous ses services. Il loua son zèle, il applaudit à ses projets : et par un généreux renoncement aux vues humaines et aux lumières de son propre esprit, qui ne lui permettait pas d'en espérer la réussite, il s'offrit à y mettre la main le premier pour aider à triompher des difficultés du début.

La première, qui pouvait donner occasion à d'autres, était de trouver au sieur Niel une retraite convenable, et propre à favoriser l'ouverture des écoles. On ne pouvait prendre trop de précautions pour cela, car le secret était nécessaire : un dessein éventé est bientôt évanoui. On ne pouvait donc trop ensevelir celui-ci dans le silence. Le moindre soupçon qu'on en eût eu, l'eût fait échouer dans un lieu où l'on était si fort prévenu contre les nouveaux établissements, et où à peine les orages formés contre l'Institut des maîtresses d'école se trouvaient apaisés. Si on eût su à Reims que M. Niel y venait en qualité de maître d'école, et dans le dessein d'en établir de gratuites, il aurait trouvé toutes les portes fermées, ou on les aurait toutes ouvertes pour le faire sortir.

Saint Jean-Baptiste lui offrit sa maison, et

cette offre le mettait à couvert de tous les inconvénients. L'offre était trop obligeante et trop opportune pour être rejetée. M. Niel, charmé de la charité et de la prudence du jeune chanoine, accepta avec reconnaissance sa proposition.

Saint Jean-Baptiste n'avait pensé, en recevant M. Niel, qu'à offrir une hospitalité charitable à un maître d'école ; c'en était assez pour lui, mais ce n'en était pas assez pour Celui qui l'avait choisi pour en faire le patriarche d'un nouvel Institut. C'est pourquoi il le pressa, par de secrètes inspirations, de prendre à cœur les intérêts des Écoles chrétiennes et gratuites, et de n'omettre aucune des mesures nécessaires pour les faire réussir.

Les Écoles chrétiennes et gratuites furent commencées à Reims, cette année 1679, sur la paroisse St-Maurice, dont le curé accepta de loger et de nourrir M. Niel et son compagnon. Tout avait été au gré de saint Jean-Baptiste. Il n'avait plus rien à faire, à ce qu'il pensait, qu'à remercier Dieu, et à se renfermer dans l'exercice des devoirs d'un bon prêtre et d'un bon chanoine ; mais il se trompait : une vie plus austère et plus laborieuse lui tombait en partage.

L'ouverture des écoles à Reims ayant réussi selon ses désirs, il crut que Dieu ne lui en demandait pas davantage, et il se retira. Cependant M. Niel venait de temps en temps lui rendre visite, pour profiter de ses lumières, et lui demander quelques services. Le charitable chanoine les lui rendait, et n'allait pas plus loin. L'un et l'autre se voyaient encore sans aucune vue sur l'avenir, et sans savoir l'usage que Dieu ferait d'eux pour ses desseins.

Une seconde école sur la paroisse de Saint-Jacques s'ouvrit, sans aucun obstacle, dans la même année 1679, au mois de septembre. Ce fut M. Niel qui la commença lui-même, et qui eut soin, en même temps, de se pourvoir de maîtres pour l'école de Saint-Maurice. Le nombre des écoliers augmentant tous les jours dans l'école de la paroisse de Saint-Jacques, il fallut trois maîtres, qui demeuraient aussi chez le curé de Saint-Maurice ; mais celui-ci, ne trouvant pas son compte à les nourrir au prix de cinquante écus, somme primitivement fixée, exigea deux cents livres par an pour chacun d'eux : saint Jean-Baptiste de la Salle dut alors se charger de leur conduite, aussi bien que du paiement de leur pension.

Le soin des écoles, qui n'était pour saint Jean-Baptiste qu'un soin de surérogation et étranger à ses devoirs, lui laissait tout le temps de continuer ses études théologiques. Il avait pris le grade de licencié en théologie, il y avait déjà quelque temps. Il avait subi ses examens, soutenu ses thèses et passé par toutes les épreuves qui sont en usage dans la Faculté de Reims, comme dans celle de Paris ; mais il lui restait à prendre le bonnet de docteur, ce qu'il fit en 1681, âgé de trente ans.

Vers ce temps il lui arriva un accident qui faillit lui coûter la vie. Revenant de la campagne par un temps fort mauvais, il dut marcher sur une neige abondante qui couvrait la terre, dérobant aux yeux toutes les traces du chemin, et comblant les fossés. Il s'égara, et tombant dans un trou profond, il eut tout le temps d'implorer le secours de Dieu ; car il n'en avait point à espérer des hommes. En vain les aurait-il appelés à son aide, le mauvais temps ne leur permettait pas de paraître : tout était désert aux alentours. Après avoir fait longtemps mais en vain les plus grands efforts pour sortir du fossé, il n'avait plus, ce semble, d'autre parti à prendre que de recommander à Dieu son âme et consentir à sa mort ; elle paraissait en effet prochaine et inévitable, car plus il faisait d'efforts, plus ses forces s'épuisaient, et leur épuisement devait le laisser enseveli dans un tombeau de neige. Certainement le lever du soleil ne l'y aurait point trouvé en vie, s'il y avait passé la nuit. Fut-il secouru de Dieu d'une manière sensible ? C'est ce qu'on n'a point su et ce que son humilité ne lui permit jamais de dire. Pour le moins, la divine Providence qui veillait à la conservation de sa vie, sans faire de miracle visible, sut le tirer de cette espèce d'abîme, en favorisant les nouveaux efforts qu'il fit pour en sortir. Il s'en retira donc enfin, mais à ses dépens, car une rupture, causée par les violents efforts qui lui avaient sauvé la vie, servit à l'avertir le reste de ses jours de se souvenir du péril extrême dont Dieu l'avait tiré, et des actions de grâces qu'il lui en devait. En effet, cet accident lui fournit matière à de profondes méditations sur la protection de Dieu à son égard, et un motif de plus pour le servir avec une nouvelle ferveur. Il en fut si touché, qu'il n'en parlait jamais qu'avec de grands sentiments de reconnaissance.

———— CHAPITRE VI. ————

ESSAI DE LA VIE DE COMMUNAUTÉ.

CEPENDANT le zèle pour le progrès des écoles établies croissait dans saint Jean-Baptiste avec le soin qu'il en prenait. La grâce de Supérieur qu'il avait déjà, sans le savoir, lui fournissait de grandes lumières pour les conduire; et l'esprit de Dieu, en lui montrant de grands défauts dans les établissements déjà faits, lui enseignait les moyens de les corriger. M. Niel, propre à conduire des écoles, n'était pas apte à conduire des maîtres; il n'était ni assidu à la maison, ni assez attentif à y observer un règlement, ni assez exact pour donner aux autres, en sa personne, un exemple domestique, familier et parlant de la régularité nécessaire.

C'était là la première origine du mal ; saint Jean-Baptiste ne pouvait le guérir à moins qu'il ne fût plus voisin des maîtres. Ce fut donc une nécessité ou de se rapprocher d'eux, ou de les rapprocher de lui. Il fallait les réunir sous un même toit et sous ses yeux pour pourvoir à leur conduite, et établir parmi eux une manière de vie uniforme et régulière ; c'est ce qui lui inspira le dessein de louer pour eux une maison proche de la sienne, afin d'être à portée de les voir plus fréquemment, de faire apprêter chez lui leur nourriture à moins de frais et de les faire entrer dans un train de vie plus réglé. Tout cela fut fait. Les maîtres vinrent habiter la maison voisine de celle de saint Jean-Baptiste, à Noël de l'année 1679. Le pieux chanoine les engagea à vivre avec ordre, et les soumit à quelques règlements.

Ces premiers essais de règle ne servirent qu'à faire sentir au pieux chanoine le grand besoin que les maîtres d'école en avaient, et combien ils en étaient encore éloignés. Leur règlement, en certains points, rendait plus sensible leur dérèglement dans tout le reste. L'heure du lever et du coucher, de l'oraison, de la sainte messe, des repas, était marquée : les maîtres s'y rangeaient ; mais pour le reste ils avaient le champ libre ; maîtres de leurs actions, comme de leurs personnes, en l'absence de M. Niel, ils ne prenaient ordre que de leur propre volonté ; la dévotion, ou plutôt la fantaisie de chacun réglait les communions. Elle les conduisait aussi à la promenade tous les matins des dimanches et fêtes, chacun selon son goût. Au dedans, comme au dehors de la maison, il n'y avait ni obéissance, ni silence, ni aucune conduite de communauté. Malgré les soins du vigilant chanoine, le désordre régnait encore dans la maison des maîtres d'école.

Saint Jean-Baptiste le voyait et en gémissait ; mais quel remède y apporter ? Si le saint prêtre eût pu remplacer M. Niel, et suppléer à son absence, tout eût été mieux ; mais quelle apparence qu'un chanoine cessât de l'être, en cessant d'en faire l'office, pour faire celui de Supérieur.

des maîtres d'école ; et qu'un homme chargé de tant d'autres occupations, les quittât pour diriger six hommes !

Appeler ces maîtres dans sa maison, les loger avec lui sous le même toit, les associer à sa compagnie, et donner commencement à une vie commune avec eux, c'était un projet qui souffrait des difficultés considérables, pour lequel la nature alarmée sentait en lui de grandes répugnances, contre le queltoute sa raison humaine et ses goûts naturels se révoltaient, contre lequel aussi, s'il l'entreprenait, il ne doutait pas de voir se soulever le Chapitre, ses parents et ses amis.

La divine Providence se déclara ; et en manifestant sa volonté, elle força en quelque manière saint Jean-Baptiste à se déclarer lui-même, et à se déterminer. Voici comment. Le maire et les échevins de la ville de Guise, ayant entendu parler du succès qu'avaient eu à Reims les écoles gratuites, vinrent solliciter M. Niel d'en établir une semblable dans leur ville.

M. Niel partit, et son départ obligea saint Jean-Baptiste à prendre les maîtres d'école chez lui.

D'abord il ne transféra pas les maîtres dans sa maison ; il se contenta de les y appeler pour manger et pour régler leurs actions. Au sortir de l'oraison, ils allaient à la sainte messe à six heures ; ils revenaient ensuite dans sa maison voisine de la leur, y demeuraient jusqu'au temps de la prière du soir ; et lorsqu'elle était faite, ils s'en retournaient chez eux se coucher. La règle était déjà établie dans la maison du chanoine.

ST JEAN-BAPTISTE OFFRE LES RÈGLES DE SA COMPAGNIE A LA SAINTE VIERGE. (P. 92.)

On y lisait à table, et on y priait à heures réglées ; ainsi le séjour des maîtres n'obligea pas d'y faire grand changement ; seulement on commença à y manger en réfectoire et par portion, et à donner à chaque action son temps précis. Saint Jean Baptiste, profitant de l'absence de M. Niel qui dura huit jours, étudia les maîtres ; et quand il les eut sous les yeux, il ne tarda pas à reconnaître dans leur conduite beaucoup de petits désordres.

Voyant, d'un côté, qu'ils prenaient goût à ce nouveau genre de vie ; de l'autre, que l'instabilité de M. Niel, toujours disposé à s'absenter, ne permettait pas de faire fond sur lui, le Saint se détermina enfin à les loger dans sa maison. C'est ce qui fut fait le jour de saint Jean-Baptiste, son patron, 24 juin de l'an 1681. M. Niel les accompagna aussi.

C'était là le coup décisif. Il ne pouvait se faire sans causer grand bruit et grand fracas dans la ville, ni sans exciter, du côté de la famille du chanoine, de grands murmures et de grands cris. Saint Jean-Baptiste y était préparé.

Un homme qui s'était préparé à tous ces traits et qui les attendait, ne mit en usage, pour s'en défendre, que le silence et la patience. Il laissait tout dire et tout tomber, et il n'en allait pas moins son train.

Lorsqu'on le vit immobile comme un rocher au milieu des flots et des orages, que suscitent les langues malignes, on le laissa faire ; et, en l'abandonnant à lui-même, on le regarda comme un homme entêté et attaché à son sens, dont il n'y avait plus rien à attendre que des démarches nouvelles d'un zèle outré plus criantes que les premières. On ne pensa plus qu'à lui ôter la conduite de ses frères ; et si on avait pu, on l'aurait lui-même mis en tutelle, loin de lui laisser celle dont il était chargé.

Ces trois jeunes gens qu'il élevait dans sa maison et qu'il formait sous ses yeux, mangeaient avec les maîtres dans le même réfectoire ; et l'aîné des trois, fort attaché à saint Jean-Baptiste et porté à la piété, suivait volontiers et de lui-même les mêmes règles, autant que ses études le pouvaient permettre : or c'est ce que la famille ne voyait qu'avec chagrin et qu'avec dépit ; c'est pourquoi elle résolut de tirer de sa maison ses trois frères ; mais en vain fit-elle ses efforts pour détacher du Saint l'aîné des trois ; son affection pour lui et sa piété ne purent être vaincues. Il n'en fut pas de même du deuxième ; il écouta ce que la passion d'un beau-frère lui disait, il entra dans ses préventions, et conçut insensiblement de l'aversion pour son tuteur et pour son bienfaiteur. Le jeune homme, dé- goûté, ne tarda pas à suivre le conseil qu'on lui donnait de quitter la maison de son frère le chanoine, pour aller dans celle de son beau-frère. La sortie de celui-ci achemina celle du cadet. D'abord les parents prièrent saint Jean-Baptiste d'y consentir ; et ensuite, sur son refus, ils s'as- semblèrent et conclurent de le mettre à Senlis, chez les chanoines réguliers. C'est ce qu'ils firent, pour mortifier notre chanoine par l'endroit qui lui était le plus sensible, puisqu'il paraissait faire

si peu d'attention à l'honneur et aux remontrances de sa famille.

Au reste, Dieu présidait à ces événements et
les dirigeait pour l'entière exécution de ses desseins. Les parents ne pensaient qu'à mortifier
Jean-Baptiste, ou à faire donner, à leur avis,
une meilleure éducation à ses frères ; mais Dieu,
qui les éloignait de la maison, pensait à mettre
son serviteur dans une pleine liberté de suivre
ses saintes inspirations, et de donner commencement à la manière de vie qui devait être établie
parmi les Frères. Il vit d'abord dans tout ceci
l'occasion qu'il désirait, pour quitter sa propre
maison et se retirer avec les maîtres, comme
locataire, dans une autre maison assez éloignée
de la cathédrale. Dieu, sans doute, la lui destinait
pour être le berceau de son Institut, car il y prit
naissance, et elle devint la propriété des Frères,
par l'achat qui en fut fait par saint Jean-Baptiste,
en 1700. Trois personnes charitables fournirent
par leurs libéralités la somme nécessaire pour
l'acquisition de cette maison, dans laquelle les
Frères ont encore aujourd'hui leur habitation à
Reims. Ce fut dans ce berceau de l'Institut, que
celui qui en fut le Père conçut la généreuse
résolution de se dépouiller de son canonicat, ce
qu'il fit en 1683.

CHAPITRE VII.

FONDATION DES ÉCOLES DE RÉTHEL ET DE GUISE.

LE Saint ne fut toutefois pas longtemps à s'apercevoir que plusieurs de ses maîtres commençaient déjà à manquer de courage dans les sentiers de la vertu, et que la perfection n'est pas pour tous. La nouveauté, qui, au début, a toujours quelque attrait, leur en avait donné quelque goût les premiers mois, mais la continuation leur en parut ennuyeuse et au-dessus de leur faible vertu. Le joug d'une vie de retraite, de silence, d'obéissance, de règle, commençait à leur peser, et à accabler sous son poids des volontés faibles, trop peu affermies dans le bien. Faire toujours et jusqu'à la mort, ce qu'ils commençaient à faire avec peine, leur parut insupportable. Ils voyaient bien qu'il n'y avait point à attendre de relâchement de la part d'un homme tel qu'était saint Jean-Baptiste, et qu'au contraire sa ferveur, prenant chaque jour de nouveaux accroissements, leur ferait une loi de marcher sur ses traces, ou un reproche honteux de ne le pas imiter. Ils aimèrent donc mieux prendre le parti de se retirer. Ce ne fut pas sans peine. Dans ces occasions la conscience dispute avec l'attrait de la liberté et d'une vie plus commode : mais enfin ils s'exécutèrent. Le Saint fut obligé d'en renvoyer quelques autres qui avaient de la piété, mais qui manquaient de talents, et qu'on n'avait reçus que par nécessité. De sorte qu'il fallut presque faire maison neuve en moins de six mois ; car, de tous les anciens sujets, il n'en resta qu'un ou deux. Ainsi le nouvel Institut parut trouver dans son berceau son sépulcre, et joindre sa ruine à son origine ; mais celui qui rappelle du tombeau et qui rend la vie aux morts, ressuscita presque au même moment cette famille mourante, par une recrue de nouveaux sujets qui avaient du talent pour les écoles, un fonds de piété, et de grandes dispositions pour être de vrais disciples du Saint.

Ce fut donc alors, c'est-à-dire vers la fin de l'année 1681 et au commencement de la suivante, 1682, que la maison des maîtres d'école commença à prendre une véritable forme de communauté.

La ville de Réthel fut la première qui fit au pieux chanoine la demande de ses nouveaux maîtres d'école. Le Saint trouvait des inconvénients à éloigner des gens qu'il n'avait pas encore eu le temps de bien former. Il savait que les fruits prématurés sont malsains et sans goût ; que les petits oiseaux qui s'empressent de sortir du nid et de voler avant que d'avoir les ailes assez fortes, deviennent la proie de l'épervier, ou tombent à terre sans pouvoir se relever. Plein de ces vérités, il aimait mieux perdre un établissement, que d'exposer ses disciples, mal affermis dans la vertu, à un danger évident de chute. N'ayant que des intentions pures, il regardait d'un œil indifférent la multiplication des établissements qui n'étaient pas fondés sur une vertu à l'épreuve. Ainsi la proposition de la ville de Réthel lui paraissant délicate et toutefois mériter attention, il ne voulut rien précipiter, dans la crainte qu'un novice ou un néophyte de sa petite communauté ne trouvât lui-même sa perte dans le lieu où il irait travailler à la sanctification des autres.

Ce ne fut qu'en 1682 qu'il céda aux instances de la ville de Réthel. Cet établissement fut le théâtre des premières injustices qui mirent son désintéressement à l'épreuve : deux personnes des plus riches de cette ville lui avaient laissé une somme considérable pour aider à cette fondation. La donation était en bonne forme ; il en était même déjà en possession, et on lui avait remis les papiers et les obligations entre les mains. On la lui disputa cependant : des héritiers avides, et qui, en recueillant une grosse succession, regrettaient d'autant plus la parcelle qui leur échappait, qu'elle était léguée pour une œuvre pieuse, ne furent pas d'humeur à la céder ; mais ils n'eurent pas besoin de se remuer beaucoup pour solliciter les juges, et pour préparer les pièces du procès ; car le Saint le jugea lui-même en leur faveur et leur donna gain de cause, en se désistant de ses droits. Il aima mieux faire cette perte, que d'exposer la paix de son âme aux poursuites dissipantes d'un procès, et la charité au péril d'être blessée. Exemple de désintéressement aussi édifiant qu'il est rare.

En ces embarras, il se résolut de faire une retraite pour implorer les lumières de Dieu, et s'instruire de ses saintes volontés. Afin de la faire avec plus de recueillement et de silence, il loua un petit jardin fort solitaire, proche des Augustins, et voisin des remparts de la ville, qui fut le premier témoin des transports de sa ferveur et de sa mortification. Là, après avoir donné ses ordres dans sa maison, et ses soins dans la communauté des maîtresses d'école, dont M. Roland l'avait chargé, il se retirait en solitude, pour livrer son esprit sans distractions à l'oraison, et son corps sans ménagement à la pénitence. *Ah !* dit le mémoire que nous copions, *si les murailles du petit cabinet qui lui servait de cellule, pouvaient parler, que ne diraient-elles pas de ses sanglantes disciplines, et des autres pieux excès dans lesquels le jetait l'ivresse spirituelle du vin nouveau qu'il commençait à goûter.* Le sang dont ce petit lieu était partout rougi, servait de témoignage aux saintes cruautés qu'il exerçait sur sa chair, et aux sacrifices qu'il en faisait à Dieu. Ce fut là que, commençant une vie toute nouvelle, il forma le premier plan de la plus sublime perfection.

Pendant ce temps-là, l'établissement des écoles gratuites à Réthel réveilla à Guise l'envie qu'on avait eue d'en avoir. Cette année l'affaire se renoua, et elle fut heureusement conclue. MM. les magistrats de la ville fournirent une maison aux maîtres ; et Mlle de Guise fonda les écoles gratuites, qui furent ouvertes la même année 1682. Au mois de juillet de la même année, on en entreprit d'autres à Château-Porcien ; et, à la fin de ladite année, on en vit de nouvelles érigées à Laon.

CONSÉCRATION DEVANT LE SAINT
SACREMENT. (P. 96.)

CHAPITRE VIII.

LE DÉPOUILLEMENT COMPLET.

TANDIS que le pieux chanoine se livrait tout entier au soin de son petit troupeau, Satan étudiait les moyens de le dissiper.

Avec tous ses soins et sa vigilance, saint Jean-Baptiste ne put mettre ses disciples à l'abri de la tentation la plus fine, la plus délicate et la plus éblouissante, que l'esprit malin pouvait leur suggérer, qu'en se faisant lui-même une victime de pauvreté, et qu'en cherchant, dans le dépouillement général de tous ses biens, un remède efficace contre l'artifice du séducteur. Ce ne fut donc plus l'amour de la liberté, l'ennui d'une vie gênante, le dégoût des exercices de piété, que le démon mit en œuvre pour ébranler une seconde fois le petit troupeau du zélé chanoine, et pour l'engager à une nouvelle désertion ; ce fut la prévoyance pour l'avenir et la crainte de manquer un jour du nécessaire.

Saint Jean-Baptiste, sans en savoir la cause, sentait que ses exhortations sur la confiance en Dieu et sur l'abandon à la divine Providence n'avaient pas grand effet ; mais ces hommes simples et ennemis du déguisement ne la lui laissèrent pas longtemps ignorer. Ils avouèrent avec franchise, que leur inquiétude naissait de l'incertitude et du peu d'assurance de leur état. Ils lui représentèrent que leur situation n'avait rien de fixe ni de stable ; qu'il pouvait lui-même voir le renversement de son œuvre, et qu'il était triste pour eux de sacrifier leur jeunesse au service d'un public qui les oublierait, sans être assurés de trouver, dans un âge avancé, un asile pour se reposer de leurs travaux passés, et finir leurs jours à l'abri de l'indigence.

« Vous parlez bien à votre aise, lui dirent-ils, « tandis que vous ne manquez de rien. Pourvu « d'un bon canonicat et d'un bien de patrimoine « pareil, vous êtes assuré et à couvert de l'indi- « gence. Que notre établissement tombe, vous « demeurez debout, et le renversement de notre « état n'ébranle pas le vôtre. Gens sans biens, « sans revenus et même sans métier, où irons- « nous, que ferons-nous, si les écoles tombent, « ou si on se dégoûte de nous ? La pauvreté « sera notre unique partage, et la mendicité le « seul moyen de la soulager. »

La réponse des maîtres donna bien à penser à saint Jean-Baptiste et le plongea dans un grand embarras. D'un côté, se faire pauvre comme eux, et devenir par choix ce qu'ils étaient par néces- sité ; se défaire de son canonicat et se dépouiller de son bien de patrimoine, pour se livrer au soin d'une œuvre qui ne faisait qu'éclore, et dont il courrait les risques sans espérance certaine de grands fruits, c'était un parti téméraire aux yeux de la prudence humaine, et qui, même aux yeux de la foi, méritait bien des réflexions. De l'autre côté, demeurer riche et bien pourvu avec des gens pauvres et sans ressource, il fallait se fer- mer la bouche, et ne plus leur parler de l'oubli de l'avenir, ni de renoncement aux précautions qu'il demande : il fallait cesser les leçons sur l'abandon à la Providence ; et, en ce cas, les laisser sans armes et sans défense contre les traits de l'esprit malin, qui les attaquait par leur faible. En de telles conjonctures, que fût devenu son petit troupeau ?

Déterminé à se dépouiller de tout, pour marcher sur les traces de Jésus nu et pauvre, il alla à Paris, au mois de juillet 1683, trouver son archevêque, pour le prier d'accorder son agrément à la démission qu'il voulait faire de son canonicat ; mais il ne put lui parler, et le prélat, quelques jours après, partit pour Reims.

Enfin, après des démarches nombreuses, le Saint obtint l'autorisation de résigner son canonicat en faveur d'un pauvre prêtre, et le pieux chanoine se crut enfin heureux quand il se vit en liberté de devenir pauvre, abject et mort au monde, en quittant son rang de chanoine.

De retour chez lui, il assembla tous ses disciples pour leur faire part de cette bonne nouvelle ; enfin arrivé, selon ses désirs, au plus haut point de la fortune du Calvaire, sa joie fut si grande, qu'en action de grâces de la faveur que le Ciel lui accordait, il chanta le *Te Deum*, et le fit chanter à sa petite compagnie.

Saint Jean-Baptiste, résolu de se dépouiller de son bien de patrimoine, ne fut pas d'abord déterminé sur l'usage qu'il en ferait. Il n'avait toutefois que deux partis à prendre : le premier était d'en distribuer le prix complet à toutes sortes de pauvres ; le second était de le destiner à ceux-là mêmes dont il était chargé. Ces deux partis se balançaient dans son esprit par un poids presque égal de raisons, et il ne voyait pas clairement de quel côté il devait incliner.

Dans cette incertitude, il alla chercher aux pieds de Jésus-Christ la décision de ses doutes. La disposition qu'il crut devoir apporter pour donner entrée à la lumière divine en son âme, fut de se dépouiller de toutes sortes d'inclinations, et de se mettre dans l'heureux état d'indifférence à tout, qui prépare si bien le cœur à la connaissance et à l'exécution des volontés de Dieu. Quand il se vit dans cette sainte situation, il commença par s'offrir au bon plaisir de Dieu, et lui faire un abandon général et sans réserve de sa personne.

L'année 1684, féconde en malheurs, faisait sentir à la Champagne toute la misère qu'une longue stérilité causait dans toutes les parties du royaume ; les pauvres du pays, venus dans la capitale pour y trouver du secours, et rassemblés avec ceux de la ville, firent de Reims un grand hôpital. La plupart de ses habitants, devenus mendiants par la cessation des travaux, que la cherté réunie à la rigueur de l'hiver ne permettait pas de continuer, cherchaient avec confusion, chez les opulents, un pain d'aumône que les pauvres de profession demandent sans honte. La famine fut si grande et si cruelle, que bien des riches ne purent la soutenir, et se trouvèrent au rang des misérables, sans pain et sans oser en demander. Le prix excessif des denrées et des aliments ne tardait pas à épuiser les réserves et les épargnes de plusieurs années ; et ceux qui n'avaient qu'un bien médiocre, se voyaient bientôt en proie à la faim et à la misère. Des communautés entières, même riches et bien fondées, suivaient le sort commun, et étaient dans la nécessité de se ruiner par des ventes et des emprunts, pour pourvoir à leurs besoins.

Une année si affligeante fut une année de mérites extraordinaires et de vertus éclatantes pour saint Jean-Baptiste; car elle lui fournit l'occasion d'exercer les plus grandes œuvres de miséricorde corporelles et spirituelles, dans une ville où il avait été si maltraité. Alors il eut le plaisir délicieux pour un saint, de nourrir plusieurs de ses ennemis, et de se venger des langues médisantes, par des actions héroïques de charité. Il sut enfin qu'il avait du bien, quand il se vit en liberté de le distribuer aux pauvres; et on ne peut dire lequel fut pour lui le plus doux, de devenir pauvre, ou d'être riche pour pouvoir assister les pauvres.

Il eut tout à la fois ce double mérite, et de les soulager, et de leur devenir semblable.

Devenu pauvre lui-même en assistant les pauvres, il prenait en qualité de pauvre une portion du pain qu'il leur distribuait et le mangeait à genoux à leurs yeux, avec un goût et une joie qui faisaient sentir le plaisir qu'il trouvait dans le sein de la charité et de la pauvreté réunies.

Il poussa plus loin les choses : jaloux du mérite de la pauvreté la plus humiliante, il voulut dévorer la honte de la mendicité et manger un pain de confusion demandé de porte en porte. L'humilité et la nécessité lui en firent enfin la loi, car, dépouillé de tout et devenu plus pauvre que ceux qu'il avait nourris, il alla à son tour, aux dépens de l'amour-propre, demander par aumône, de maison en maison, quelques morceaux de pain. Après bien des rebuts, il reçut d'une bonne femme un morceau de pain fort bis, qu'il mangea à genoux par respect et avec une joie qui ne se peut exprimer. Saint Jean-Baptiste eut tout le temps d'épuiser son patrimoine qui approchait de la somme de quarante mille livres, pendant une disette de deux années entières. Encore assez riche quand elle commença, pauvre quand elle finit, il se vit dans l'état que son cœur avait désiré. Content d'avoir Dieu et de n'avoir rien que Dieu, il pouvait dire avec le grand patriarche de la pauvreté, saint François d'Assise : *Dieu m'est toutes choses.* Si j'ai tout perdu pour lui, je retrouve tout en lui, lui seul me suffit. Il retrouva en effet tout en Celui qui est la source de tous les biens : la divine Providence à laquelle il avait abandonné ses intérêts et ceux de son petit troupeau, se souvint toujours de lui et des siens. Rien du nécessaire ne leur manqua, tandis qu'il manquait à une infinité de malheureux, tandis que les riches eux-mêmes avaient peine à se garantir des atteintes de la famine.

Saint Jean-Baptiste de la Salle, dégradé pour ainsi dire et tombé de son rang, pauvre, sans crédit, sans amis, n'ayant à présenter à ceux qui voulaient le suivre que la croix de Jésus-Christ, n'avait aussi à leur demander à eux-mêmes, pour condition de l'entrée de sa maison, qu'une abnégation entière et perpétuelle.

En peu de temps son troupeau grossit de plusieurs jeunes gens inspirés de tout quitter à son exemple.

Saint Jean-Baptiste les logea dans la maison de la rue Neuve qu'il avait louée en 1682, et dont il fit l'acquisition par la suite, à la faveur des libéralités qui lui furent faites. De sorte qu'elle est demeurée en propre aux Frères, et c'est cette maison qu'ils peuvent à juste titre honorer comme le berceau de leur Institut (1).

CHAPITRE IX.

LES PREMIÈRES AUSTÉRITÉS.

QUELLE était alors la manière de vie de saint Jean-Baptiste de la Salle ? Le croira-t-on, si on le rapporte en détail ?

Ceux qui connaissent les Frères, savent combien, encore aujourd'hui, leur nourriture est frugale, pauvre et mortifiante : elle l'était bien davantage à la naissance de leur Institut. On appelait leur maison *la petite Trappe*, et ceux qui l'avaient connue de près, prétendaient que, dans tous les genres et pratiques d'humiliation et de mortification, les Frères étaient les émules de ces illustres pénitents de nos jours, qui ont fait une Thébaïde d'un monastère de la Basse-Normandie.

Lorsqu'en 1681 le Saint avait rassemblé les

---

1. Les Frères logèrent dans cette maison jusqu'en 1791. On y établit depuis une filature. Elle a été rachetée en 1880 et laissée à la disposition de l'Institut.

maîtres d'école chez lui, il avait continué à vivre avec ses propres frères, comme il faisait auparavant; après le départ de ceux-ci, il n'avait rien changé à son ordinaire, et il avait continué le même genre de nourriture. Ensuite étant entré en vie commune avec ses disciples, en retranchant de sa table tout ce qui pouvait satisfaire les sens, il s'était laissé servir des aliments qui n'avaient rien de répugnant; mais lorsque, dépouillé de tout par sa propre main, il se vit aussi pauvre que les pauvres dont il avait soin, il voulut vivre en pauvre et user de la même nourriture.

Cette résolution était la suite de celles déjà exécutées; mais elle ne fut pas la moins sensible à la nature, et peut-être ne me tromperai-je pas si j'avance qu'elle lui coûta plus que les précédentes. Pour l'accomplir en son entier, il fit défense à ses enfants spirituels de lui servir d'autre portion que la leur.

Le chanoine dépouillé faisait alors pitié à voir. Le cœur lui bondissait, et sa main tremblante qui portait la cuiller dans l'écuelle, ne pouvait la retirer.

Il se fait violence et il mange; mais le cœur ne le peut soutenir. Les vomissements commencés à la vue et à l'odeur du potage, deviennent si furieux quand il mange, qu'il rejette presque jusqu'au sang. Il était, ce semble, alors de la prudence de céder; car, en pareilles rencontres les efforts outrés ont souvent de funestes suites. Mais s'il cède, il est vaincu. Il revient donc au combat avec un nouveau courage, et, pour remporter une victoire entière sur lui-même, il continue à manger et à vomir. Nouveau genre de mortification, dont je ne sache pas que personne ait donné l'exemple avant lui. Ce tourment, qui dura autant que ce premier repas, continua encore plusieurs jours de suite. Tout ce qu'on lui présentait, comme salé, légumes grossiers et autres portions de la nourriture la plus commune, le provoquait au vomissement.

Ennuyé de ne pouvoir vaincre de si grandes répugnances, et de recommencer en vain chaque jour de nouveaux combats contre une délicatesse si opiniâtre, il eut recours à la faim pour remporter une victoire certaine. Ce stratagème si pieux et si naturel réussit. Une diète rigoureuse de plusieurs jours fit sur une chair trop délicate cette espèce de miracle, qu'attendait d'elle le Saint, et qu'il n'avait pu mériter par des violences si étranges. Une si longue abstinence lui donna de l'appétit, et apprit à son corps rebelle à manger avec goût ce qu'il ne pouvait pas même regarder auparavant. Des mets qui lui faisaient bondir le cœur, devinrent les délices d'une nature qui ne perdit sa délicatesse, que quand elle se vit sevrée de toute nourriture. Si le combat fut rude, la victoire fut complète ; car le triomphe qu'il remporta sur la chair dura autant que sa vie

Lorsqu'il était à table, soit qu'il fût distrait, soit qu'il fût attentif, il mangeait ce qu'on lui avait servi, sans jamais rien demander de ce qui lui manquait, sans même laisser échapper le moindre signe que quelque chose lui manquât.

D'où il arrivait que tantôt il mangeait sans boire, tantôt il mangeait sa portion sans manger de pain, tantôt il mangeait du pain sans manger de portion.

Sur cette étrange mortification du goût, il faut mesurer sa mortification dans tout le reste. Nul sens dans son corps qui n'eût sa peine particulière ; j'ai pensé dire son martyre. Il devint lui-même son propre bourreau, en exerçant sur lui tous les genres d'austérités, que la sainte Écriture canonise, et dont les saints ont été les inventeurs. Enveloppé dans la haire ou dans le cilice, ou ceint d'une ceinture de cuivre jaune, garnie de pointes très piquantes, ou ajoutant l'une à l'autre, il ne mettait bas ces armes de la pénitence, que pour en saisir d'autres plus cruelles et plus sensibles. Je parle de ses disciplines sanglantes. C'était avec celles qui sont faites de fer et qui sont armées par le bout de rosettes pointues, qu'il se déchirait sans pitié. Les taches de sang marquées sur le pavé où il coulait, ou qui rejaillissait sur le mur du lieu où il les prenait, disaient à son insu et en silence à tous les Frères, combien il était saintement sévère à son corps.

Les enfants avaient pitié de leur père, et ils s'étudiaient à faire la recherche de ses instruments de pénitence pour les lui dérober, et par là lui épargner pendant quelques jours tant de peines, et laisser à son corps quelque relâche. Ils ont ainsi soustrait à sa diligence, sans qu'il s'en aperçût, six de ses disciplines l'une après l'autre, qui toutes portaient les marques de sa ferveur, étant teintes de son sang. Peut-être que son corps si maltraité pendant le jour, si las de travaux et si épuisé d'austérités, cherchait à réparer ses forces dans le repos de la nuit? Sans doute qu'il cherchait ce repos ; mais le Saint ne le lui donnait pas, car alors il passait une partie de la nuit en oraison ; et quand la nécessité l'obligeait de payer au sommeil le tribut que la nature lui doit, il se couchait à terre ou sur des chaises. Il n'avait point d'autre lit. S'il ne pouvait pas y dormir à son aise, il ne pouvait pas non plus y dormir longtemps ; car la cloche qui avertissait les Frères à quatre heures du matin de se lever, le trouvant tout habillé, lui faisait une loi de commencer son oraison, et de prévenir ses disciples dans un si saint exercice.

Son Institut ne faisant alors qu'éclore, sa plus grande affaire et presque son unique, était de l'arroser de ses larmes, de le cimenter du sang qu'il tirait de ses veines par de rigoureuses disciplines, de le soutenir par ses pénitences et de lui attirer des grâces choisies et abondantes par de ferventes prières.

———— CHAPITRE X. ————

LE NOM ET LE COSTUME DES INSTITUTEURS.

LE froid était grand, et la plupart des pauvres maîtres, mal vêtus, étaient exposés à toutes ses rigueurs. M. le Maire de Reims en eut pitié, et ayant rencontré dans la rue saint Jean-Baptiste, il lui en témoigna sa peine, en lui conseillant de leur donner des capotes pour les tenir plus chaudement, et les mettre un peu plus à l'abri des inclémences de l'air. Cette sorte d'habits qu'on appelait *capotes* à Reims, était alors de grand usage dans le pays. Ce conseil frappa le pieux Instituteur, et le regardant comme donné d'en haut par la bouche du premier magistrat de la ville, il adopta cette forme d'habit et la fit prendre à ses disciples. L'unique changement qu'il fit dans cette sorte de vêtement, fut de le faire fabriquer d'une laine très grossière, de lui donner une teinture noire, et de le faire descendre à huit pouces de terre.

De cette manière, il était propre à mettre pardessus l'habit des maîtres, à leur servir de surtout, et à les garantir du froid et de la rigueur des saisons. Cette idée en fit naître une autre à saint Jean-Baptiste ; ce fut de réformer l'habit de dessous que portaient les maîtres d'école. Le moyen que trouva le vertueux Supérieur de le rendre uniforme, fut de le conformer à la capote; c'est-à-dire, d'en faire une soutane de la même étoffe noire, de la manière que les ecclésiastiques la portaient autrefois, et qu'on la porte encore en plusieurs communautés, fermée par devant avec des agrafes de fer. Cet habillement pauvre qui, par sa simplicité, distingue les Frères des séculiers, des ecclésiastiques et de tous les autres religieux, leur est devenu propre, et est celui qu'ils portent encore aujourd'hui. Cette nouvelle forme d'habits, qui d'abord frappa les yeux par sa singularité, et qui choqua tant de gens, est peut-être de tous ceux qu'on peut imaginer le plus convenable à leur état. Long comme celui des ecclésiastiques et des religieux, il distingue les Frères des laïques, et il leur apprend à eux-mêmes à être circonspects, graves, retenus, recueillis, et en tout éloignés des manières du monde.

De plus, cet habit, vénérable par la forme, tient en respect les jeunes garçons qu'instruisent les Frères, et imprime à ce petit peuple mutin, indocile et malicieux, des égards, des attentions et une crainte qu'ils auraient bien de la peine à obtenir avec un extérieur moins grave. Un habit court et d'autre couleur, ne ferait pas sur les enfants le même effet ; et on les verrait bientôt s'émanciper vis-à-vis des Frères, et devenir insupportables, s'ils ne trouvaient pas dans leur costume, dans leur gravité et dans leur silence, une barrière contre la familiarité qui engendre le mépris. Cet habit sert aux Frères eux-mêmes de moniteur perpétuel, qui leur dit par sa couleur noire, qu'ils doivent être morts au monde ; par la grossièreté de l'étoffe, qu'ils ont embrassé un état d'abjection, de pauvreté et de mortification ; par sa forme, qu'ils sont consacrés à Dieu, et qu'ils ne doivent plus vivre que pour lui. Il est vrai que cet habillement ne fut pas, au commencement, du goût de tout le monde, et qu'il trouva dans la suite une infinité de censeurs ; il est encore vrai, que sa nouveauté et sa singularité ont attiré aux Frères, partout où ils l'ont d'abord porté, bien des railleries, des mépris, des insultes et des affronts; mais un homme aussi avide d'humiliations que l'était le pieux Instituteur, ne se laissait pas toucher par là.

Le monde fut choqué d'abord par la vue de

cet habit. Les sages du siècle, les plus gens de bien même ne purent le goûter. Qu'est-ce que les uns et les autres ne dirent pas au pieux Instituteur pour l'obliger à le changer! S'il eût écouté tous les avis qu'on lui donna alors et dans la suite sur ce point, il n'eût été occupé que de puérilités et de remarques convenables à la science et au babil de gens inoccupés.

Comme c'est à cela qu'il s'attendait, il laissa dire et ne changea rien ; mais, de peur que l'autorité ou la multitude des personnes à qui l'habit en question déplaisait, ne fît impression sur ceux qui le portaient, il rédigea un écrit pour justifier leur manière de se vêtir, et il y exposa d'une manière si solide et si chrétienne les motifs de sa résistance, qu'il ramena à son avis ceux qui y paraissaient être les plus opposés (¹).

Le changement d'habit introduisit le changement de nom. Celui de *Frères* étant celui qui convenait, fut celui qu'on prit, et on laissa le nom de maîtres d'école à ceux qui en font la fonction à leur profit. L'humilité et la charité ne s'en accommodaient pas. Il n'avait même jamais convenu à des gens qui faisaient profession de ne tenir les écoles que pour y faire régner Jésus-Christ et y enseigner gratuitement la doctrine chrétienne. De cette manière, la qualité de Frères des Écoles chrétiennes et gratuites devint alors le titre des enfants de saint Jean-Baptiste de la Salle; et désormais nous ne leur donnerons plus d'autre nom. Cette dénomination est juste, car

---

1. Ce précieux document, écrit de la main de saint Jean-Baptiste de la Salle, est conservé aux archives de l'Institut.

elle renferme la définition de leur état, et elle marque les emplois de leur vocation. Ce nom leur apprend que la charité, qui a donné naissance à leur Institut, doit en être l'âme et la vie ; qu'elle doit présider à toutes leurs délibérations, et inspirer tous leurs desseins ; que c'est elle qui doit les mettre en œuvre et en action, et qui doit régler toutes leurs démarches et animer toutes leurs paroles et leurs travaux. Ce nom leur apprend quelle est l'excellence de leur emploi, la dignité de leur état et la sainteté de leur profession. Il leur dit que, Frères entre eux, ils se doivent des témoignages réciproques d'une amitié tendre, mais spirituelle : et que, devant se regarder comme les frères aînés de ceux qui viennent recevoir leurs leçons, ils doivent exercer ce ministère de charité avec un cœur charitable.

A la capote et à la soutane d'étoffe la plus pauvre et la plus grossière, il convenait de joindre des souliers et des chapeaux de même genre, pour faire un assortiment du goût de la parfaite pauvreté, et convenable à des gens qui ne tenaient aucun compte de l'esprit du monde. Dans ce temps-là, on portait des chapeaux à larges bords ; ceux que fit faire le pieux Instituteur à l'usage des Frères, renchérirent encore sur ceux du commun, par l'étendue de leurs bords. Son dessein était de rendre les Frères différents en tout des gens du monde, de ne leur laisser rien de conforme au siècle, et de semer entre eux et lui une si grande inimitié, qu'ils n'eussent pas même la pensée de se réconcilier. Pour que la

ST JEAN-BAPTISTE REÇOIT LA VISITE
DE JACQUES II. (P. 98.)

chaussure fût en rapport avec les chapeaux, il leur fit faire des souliers de deux semelles fortes et épaisses.

Cette sorte d'habillement eut tout l'effet que le Saint en attendait. Il voulait accoutumer les siens aux insultes et aux cris d'une populace, qui n'a ordinairement à leur donner que des injures pour récompense de leurs travaux : il désirait les voir établis dans ce repos de l'âme, qui ne se trouve que dans le centre de la vraie humilité, et dans la mort parfaite à soi-même. A peine avaient-ils le pied hors de leur maison, que les yeux critiques et malins se fixaient sur eux avec dérision, que les langues méchantes s'armaient de traits envenimés pour les blesser, et que tout se remuait au dedans et au dehors des maisons pour aller à leur rencontre, ou les attendre au passage, afin de les couvrir de honte et de confusion.

On les montrait au doigt, on les escortait avec des cris et en tumulte, on les contrefaisait en public, et chacun s'applaudissait de leur avoir adressé quelque nouvel outrage. Les passants s'arrêtaient dans les rues, pour prendre part aux moqueries : et les artisans dans leurs boutiques, laissaient leur ouvrage pour les insulter. Les enfants se faisaient un jeu de les suivre en ricanant ; la populace, un plaisir de les accabler d'injures, et tous de leur faire quelque farce et de rire à leurs dépens. Cela recommençait tous les jours ; car, obligés de se rendre aux écoles, ils se voyaient accompagnés en allant et au retour, par cette foule qui les insultait. Bienheureux quand

ils en étaient quittes à si bon marché, car souvent
on les chargeait de boue, et on les poursuivait à
coups de pierres, jusque dans leur maison.

Ces pauvres Frères, dont la patience était mise
tous les jours à de si étranges épreuves, avaient
besoin de longanimité, pour ne point succomber
sous la longueur de la persécution ; car la guerre
que le monde leur déclarait avec tant de cruauté,
ne fut pas de quelques jours, elle dura plusieurs
années.

Saint Jean-Baptiste ne pouvait porter envie à
ses disciples sur ce point : car il avait la meilleure part aux ignominies, et aux mauvais traite-
ments dont on les accablait. Il était le Père qu'on
persécutait dans ses enfants ; il était le maître
qu'on humiliait dans ses disciples. C'était lui qui
était le principal acteur que le public produisait
sur la scène pour en faire son jouet, pour se di-
vertir à ses dépens. C'était lui que les sages du
monde croyaient voir humilié, quand ils voyaient
les Frères exposés à la dérision au milieu d'une
populace insolente. Tous les coups qu'on leur
portait retombaient sur lui, et les insultes qu'ils
recevaient, rejaillissaient sur sa personne.

Ce n'est pas tout ; outragé presque tous les
jours de l'année, et presque à chaque heure du
jour dans ses enfants, il fut outragé personnelle-
ment, et plus souvent, et plus indignement qu'aucun des siens. Il s'est vu, dans les rues, exposé
aux coups, sans respect pour sa vertu, sans attention pour son caractère, et sans ménagement
pour sa naissance. Plusieurs fois on lui a jeté des
pierres. Nous ne disons rien de ce qu'il eut à

souffrir de la part de ses parents et de ses anciens amis, qui étaient les premiers de la ville.

Ce qui acheva d'ulcérer leurs cœurs et de le décrier encore plus dans leur esprit, ce fut la nouvelle action d'humilité qu'il fit, et qu'il soutint avec la même générosité avec laquelle il l'avait commencée. Voici ce qui l'occasionna. Quelques-uns de ses disciples voulant marcher sur ses traces, ne tardèrent pas à trouver un épuisement de forces et une mort prompte dans des austérités démesurées et dans une ferveur excessive. Ces morts inattendues menaçaient de déranger les écoles, en laissant vides les places des maîtres si le Saint n'eût eu le soin d'y pourvoir au plus vite. Mais n'ayant pas assez de sujets propres à remplacer tous ceux qui manquaient, il se résolut d'y suppléer de sa personne, et de se constituer maître d'école sur la paroisse Saint-Jacques. Or, pour en bien faire l'office, il se crut obligé d'en prendre l'habit. Il changea donc son manteau long contre une capote. Les souliers lourds et épais, aussi bien que le chapeau à larges bords étant de l'habillement, il les prit et alla en ce costume faire la fonction de maître d'école. Quand le monde le vit travesti, pour ainsi dire, de cette manière, il est aisé d'imaginer quels éclats de rire il excita dans la ville, quels cris parmi les enfants, quelles huées de la part d'une populace rassemblée, et ravie de trouver l'occasion de satisfaire son humeur malfaisante. Rien ne fut épargné dans cette occasion pour le couvrir de honte. Alors le Saint vit enfin satisfait son amour pour l'abjection. Il put boire à longs traits le calice de confusion et goûter de tous les genres d'humiliation. Ce ne fut ni une, ni deux, ni trois fois, que le vertueux Supérieur voulut s'exposer à de pareils opprobres : il eut tout le temps de s'en rassasier pendant plusieurs mois qu'il sortit de sa retraite, pour donner de pareils exemples d'humilité, en allant deux fois par jour tenir école. De plus, il aurait cru manquer à son devoir s'il eût omis les moindres fonctions de maître : ainsi, pour les remplir à la lettre, sans en omettre un iota, comme un simple Frère, il conduisait tous les jours les écoliers à la sainte messe, les menait à la grand'messe et aux vêpres de la paroisse, les jours de dimanche et de fête, en se tenant debout à leur tête avec un air de modestie, de recueillement et de dévotion, qui ravissait d'admiration les gens de bien. Ceux-ci, surpris de voir un docteur, un chanoine, un homme de distinction, une personne de mérite, dans le ministère de maître d'école, en dévorer les amertumes et en exercer les fonctions les plus basses aux yeux du monde, ne pouvaient assez louer le Tout-Puissant qui fait, quand il lui plaît, de si merveilleux changements dans les cœurs et de si grands prodiges de grâce.

Le plus humiliant pour le pieux Instituteur était que, pour aller exercer son nouvel office, il lui fallait passer sous des yeux autrefois amis, mais devenus ennemis, censeurs et critiques ; mais, loin de se dérober, avec une précaution timide, à la vue que la nature redoutait, il se montrait, avec une humble magnanimité, sous la livrée de Frère des Écoles chrétiennes, affrontant ainsi les regards de sa famille et du célèbre chapitre de la métropole, quand il allait exercer ses fonctions. Il continua ce travail avec la constance avec laquelle il l'avait commencé, et il ne cessa cet emploi d'humilité, que quand un autre Frère put le remplacer dans l'école de Saint-Jacques.

Après avoir pourvu cette école, il rentra dans sa retraite, et il reprit ses exercices de prières et d'oraison, dans ce petit réduit écarté qu'il s'était choisi, et dont lui seul remplissait l'espace; le lieu était plein quand il y était, et ne laissait point de place à un autre. Là il passait les jours et une partie des nuits dans la contemplation. Il n'en sortait que pour venir aux observances communes, et il y trouvait tant de goût, qu'on avait peine à l'en tirer pour prendre quelque nourriture.

——— CHAPITRE XI. ———

GUÉRISON EXTRAORDINAIRE D'UN FRÈRE.

PENDANT ce temps de contradictions perpétuelles, qui fournissait à chaque moment au serviteur de Dieu des pratiques nouvelles de patience, d'humilité et de mortification, la divine Providence lui procura l'occasion de les illustrer par un trait de charité singulière. En 1687, le premier des Frères qui conduisaient les écoles de Guise, tomba dans une maladie mortelle. Après avoir reçu les derniers sacrements, dans un état désespéré et abandonné des médecins, il n'attendait plus que le moment de rendre son âme à Dieu en paix, mais, avant que de faire le voyage de l'éternité, il avait un extrême désir de voir son bon Père. Le désir du malade était pieux et légitime, mais il n'était pas aisé de le satisfaire, car il y a dix-huit lieues de Guise à Reims ; il fallait alors du temps pour faire le voyage.

Le parti qu'on prit pour accélérer le soulagement du malade, fut d'envoyer une personne à Laon, qui est à peu près le milieu du chemin de Guise à Reims, avec une lettre adressée aux Frères qui les instruisait du fait et qui les priait d'envoyer sur-le-champ un autre messager à leur Supérieur, pour l'informer du désir du malade. Le premier messager étant arrivé sur les quatre heures du soir, le second partit aussitôt de Laon pour Reims et y arriva le lendemain à midi. Avec la même diligence, saint Jean-Baptiste se mit en chemin et partit en la compagnie du même Frère à une heure après-midi, pendant la plus grande chaleur de l'été, couvert de sa pesante capote, qui fut son habillement tout le temps qu'il demeura dans la ville de sa naissance, et qu'il ne quitta qu'à Paris, par ordre des Supérieurs ecclésiastiques, pour reprendre le manteau long. Il avait de la même étoffe vile et grossière, une soutane qu'il ne quittait jamais et qu'il se contentait, en marchant, de relever avec sa pauvre ceinture de laine ; de plus, il était enveloppé d'une haire piquante qui était son vêtement ordinaire, et qui le gênait si fort qu'il ne pouvait presque se courber ; ce qui parut par la peine qu'il eut à ramasser son mouchoir tombé en chemin.

Il fit cependant sept lieues à pied dans cet équipage de pénitence, à la plus grande ardeur d'un soleil brûlant. Il aurait pu au moins se décharger du poids accablant de sa capote, en la donnant à porter au jeune compagnon de son voyage ; mais il n'était pas homme à se procurer des commodités, encore moins à les prendre aux dépens d'autrui. Pendant un si pénible voyage, son sang s'alluma si fort dans les veines et entra dans un si grand mouvement, qu'il en perdit beaucoup par le nez. Le seul soulagement qu'il chercha fut la prière.

Pendant tout le chemin, il ne faisait que soupirer en levant les yeux au ciel. C'est là que son cœur portait ses désirs, et qu'il promettait à son corps de le dédommager de ses peines et de ses fatigues. A l'approche d'un village où la nuit l'obligeait de s'arrêter, il récita le chapelet, à haute voix, avec le jeune Frère qui l'accompagnait. Après avoir pris un peu de repos dans un bien pauvre gîte, il partit à trois heures du matin. Il n'en arriva pourtant pas plus tôt à Laon, quoiqu'il n'y eût que trois lieues de distance de cette ville au village où il avait couché, parce qu'il mit un grand temps à dire son bréviaire et à faire en chemin des stations de dévotion. En effet, de temps en temps, il s'arrêtait auprès de quelque arbre et il se mettait à genoux pour répandre son âme devant Dieu, et rentrer dans une plus grande union avec lui. Peut-être aussi que la lassitude et l'épuisement de la journée précédente l'avaient mis hors d'état d'avancer. Ainsi, très à propos, les Frères lui

ST JEAN-BAPTISTE ENSEIGNE LES EN-
FANTS A GRENOBLE. (P. 101.)

préparèrent un cheval à son insu et pendant qu'il était à l'autel ; car son premier soin à son arrivée à Laon fut d'aller dire la sainte Messe. A la faveur du cheval, il ne tarda pas d'arriver à Guise.

Le Frère malade était à l'extrémité ; mais à la vue de son bon Père qui l'embrassa avec tendresse, il parut ressusciter. Il dit même qu'il était guéri ; en effet, peu de jours après, il se vit hors de danger, rétabli et en état de faire sa classe.

CHAPITRE XII.

CRUELLES MALADIES.

MONSIEUR Niel, qui avait donné ouverture au nouvel Institut à Reims, où Mme de Maillefer l'avait envoyé dans ce dessein, était retourné à Rouen. Plein de joie d'avoir été la première main dont la divine Providence s'était servie pour poser les fondements de l'édifice des Écoles chrétiennes, que le Saint commençait à élever avec tant de grâce, il pouvait dire avec le saint vieillard Siméon : « *Seigneur, laissez votre serviteur mourir en paix.* » Je n'ai plus rien à faire dans cette terre étrangère ; depuis que mes yeux ont vu celui que vous destinez à l'accomplissement de vos desseins pour l'établissement des Écoles chrétiennes, qui ont toujours été l'objet de mon zèle, ils ne cherchent qu'à se fermer par une mort précieuse. Elle ne tarda pas à arriver, car de retour à Rouen, où son attrait l'avait ramené, il y mourut le 31 mai 1687.

Saint Jean-Baptiste de la Salle en parut vive-
ment touché ; aussitôt qu'il en apprit la nouvelle,
et en toute rencontre, il témoigna plusieurs fois
combien cette perte l'avait affligé. Sans délai, il
ordonna, pour le soulagement de l'âme du pieux
défunt, des prières publiques et particulières.

Cependant l'Œuvre des Écoles chrétiennes
ne devait pas être circonscrite au seul diocèse
de Reims : elle devait s'étendre à toute la
France et en franchir les frontières. A cet effet,
un établissement à Paris, centre du royaume,
était nécessaire. C'était le vœu de saint Jean-
Baptiste, surtout depuis que des instances lui
avaient été faites par M. de la Barmondière,
curé de Saint-Sulpice. Mais toujours attentif à
la conduite de la divine Providence, le saint
Instituteur ne voulut rien précipiter, et ce ne
fut que le 24 février 1688 qu'il se rendit enfin
aux désirs de M. le Curé. Celui-ci lui confia la
direction de l'école établie dans la rue Princesse.

L'ordre qu'il sut y faire régner, les progrès
et la bonne conduite des enfants, leur piété et
leur tenue à l'église, lui gagnèrent l'estime du
pasteur et la confiance des familles. L'école se
trouva bientôt trop exiguë et il fallut en ouvrir
plusieurs autres en diverses paroisses de la ville.

Mais ce fut à Paris surtout, que la vertu du
Saint fut mise aux plus cruelles épreuves. Le
démon, jaloux du bien opéré par les écoles chrétiennes, mit tout en œuvre pour les ruiner : il
souleva contre le saint Instituteur la jalousie des
maîtres-écrivains, qui, se sentant lésés dans leurs
intérêts, lui intentèrent des procès et poussèrent

l'audace jusqu'à mettre ses écoles au pillage. Le Seigneur permit que Messieurs les Curés de St-Sulpice, ses protecteurs-nés, trompés par de faux rapports et conduits par des préjugés, lui retirassent leur confiance, l'abandonnassent presque sans ressources et devinssent même ses adversaires. Enfin les humiliations les plus pénibles devinrent son partage et la calomnie y mit le comble en ternissant sa réputation.

Mais le Saint ne se découragea pas : il demeura calme, et au milieu des orages, sa bouche, comme celle de Job, ne prononça que des paroles de résignation et d'abandon à la volonté de Dieu.

A ces épreuves si sensibles de l'âme et du cœur, se joignirent de cruelles maladies. La première se manifesta vers la fin de l'année 1690.

Un épuisement de forces fut le commencement de sa maladie, et son peu de ménagement la rendit si violente, qu'on eut tout à craindre pour sa vie. Cette faiblesse, dut son origine à la sévérité extraordinaire dont il usait à l'égard de sa chair.

Au lieu d'écouter les secrets gémissements d'une chair qui se plaignait de sa faiblesse et de l'altération de sa santé, le Saint ajouta à ses austérités ordinaires, un voyage à pied de Paris à Reims, où les affaires de l'Institut l'appelaient. La maladie qui l'y attendait, ne tarda pas à se déclarer. Il en sentit sans doute les attaques dans le voyage ; mais son courage le soutint jusqu'à son arrivée. Après avoir expédié les affaires qui l'avaient appelé à Reims, il pensait déjà à retourner à Paris. Il voulait vaincre le mal, mais il était trop sérieux, pour qu'il pût plus longtemps le dissimuler. Il fut obligé de céder à sa violence et de s'aliter. Cette démarche dans un homme qui ne s'écoutait jamais, fit connaître le danger de sa maladie et le juste sujet d'en craindre les suites.

Quelle fut la frayeur du petit troupeau, à la vue de son Pasteur malade! Quelle fut l'alarme des enfants à la vue d'un père si nécessaire à sa famille, couché dans un lit, ce qui ne leur augurait rien que de triste! C'est ce qu'on peut aisément concevoir. Les larmes de joie, que son retour avait tirées de leurs yeux, furent bientôt changées en larmes de tristesse, et déjà ils regrettaient la consolation qu'ils avaient de le voir à Reims. Ils l'auraient voulu à Paris, et le savoir en santé.

Cependant, au milieu de leur consternation, l'exemple de sa constance, de sa paix et de sa sérénité, les rassurait, et ils croyaient lire sur son visage que la maladie ne faisait point pressentir la mort, qu'ils devaient se calmer, et que le grand remède qu'ils pouvaient lui préparer, était celui d'une continuelle prière pour sa santé.

A peine se crut-il un peu soulagé, qu'il voulut retourner à Paris. Le séjour d'une ville qui n'avait plus de mépris à lui présenter l'ennuyait. Le désir de s'exiler de la ville de sa naissance et du sein de sa famille, l'impatience de rentrer en son premier train de vie, et de rendre un

libre cours à ses austérités, le pressaient de
quitter Reims. Il le quitta, en effet ; et, en se
remettant en chemin pour Paris, contre l'avis
des médecins, il alla chercher dans cette ville
une nouvelle maladie. Il arriva si fatigué et si
malade, qu'il fut obligé de chercher le lit en
mettant le pied dans la maison. Le mal se fit
encore plus sentir dans le repos, et, au bout de
six semaines, il causa une rétention d'urine qui
le réduisit à l'extrémité. Cette nouvelle maladie
fit dans la maison de Paris ce qu'elle avait fait
dans celle de Reims ; elle mit la consternation
parmi les Frères. Tous furent saisis de la crainte
de perdre, dans leur cher Supérieur, l'âme et le
soutien de l'Institut. Mais, accoutumés qu'ils
étaient à ne recevoir que de Dieu la consolation et le secours, ils allèrent le lui demander
dans une prière continuelle, et ils se liguèrent ensemble pour faire une douce et sainte violence
au Père des miséricordes, et l'obliger de leur
rendre celui qui tenait à leur égard sa place sur
la terre, et qui, en cette qualité, était leur
appui.

M. Helvétius, médecin hollandais, alors si
célèbre dans Paris, proposa un remède, mais en
même temps il avertit qu'il devait décider de la
vie ou de la mort du malade ; qu'en conséquence, il fallait, avant que d'en faire l'épreuve,
faire précéder le saint Viatique, afin d'attirer la
bénédiction de Dieu sur le remède et de munir
le malade contre ses risques. M. Baudrand, successeur de M. de la Barmondière, se fit un religieux devoir de l'apporter lui-même, avec pompe

et solennité. Un grand nombre d'ecclésiastiques et de personnes de toutes conditions étaient à la suite du Saint-Sacrement, soit pour faire honneur au pieux malade, soit pour saisir le moment de voir un saint aux portes de l'éternité. Le médecin lui-même voulut y être présent pour profiter de l'édification commune. Les Frères, autour du lit du malade, pleuraient comme des enfants sur leur père, et marquaient, par leurs sanglots et par leurs gémissements, la grandeur de la plaie qu'allait laisser dans leur cœur la perte d'une personne si chère et si nécessaire.

Le seul legs que ces pauvres enfants avaient à attendre d'un homme plus pauvre qu'eux, était sa bénédiction, et quelques paroles d'édification. L'humilité de saint Jean-Baptiste fut forcée de leur accorder cette grâce, par l'ordre qu'il en reçut de M. Baudrand, son curé et son directeur. Le malade était si faible, qu'il ne put dire que ces mots que le cœur lui mettait si souvent dans la bouche, mais il les prononça avec tout l'amour et toute la tendresse d'un Père : « *Je vous recommande une grande union et une grande obéissance.* » Il n'aurait pas pu leur donner sa bénédiction, si une main charitable n'eût aidé la sienne.

Ce testament, l'unique qui fût alors possible, étant fait, assis sur son lit, revêtu du surplis et de l'étole, il reçut son Créateur, avec cet air de foi, de révérence et de dévotion qui ne le quittait jamais. Le grand médecin de l'âme bénit le remède du corps, dont le succès si incertain devait décider de la vie ou de la mort.

M. Helvétius, qui s'intéressait fort à la santé de son malade, ne le quittait point. Demeuré avec lui après que M. le Curé se fut retiré, il attendait avec inquiétude l'effet du remède, et paraissait en suspens entre la crainte et l'espérance. Mais bientôt il fut rassuré, et vit avec joie le succès produit par son remède. Le malade soulagé fut en état de prendre, peu de jours après, de la nourriture, et bientôt il recouvra la santé.

A peine l'humble malade se sentit-il un peu de forces, qu'il s'en servit pour donner de nouvelles marques d'humilité ; car cette sainte vertu, qui ne veut être incommode à personne, lui faisait souffrir avec impatience la peine et les soins que sa maladie causait à ses frères. Un hôpital était le lieu que son cœur souhaitait, et qu'il demandait ; ce dernier asile de la misère humaine était un séjour qu'il enviait aux autres pauvres. L'esprit de pauvreté lui en donnait l'attrait, celui de l'humilité lui en faisait un devoir, et celui de la charité lui en inspirait l'envie. Dans cet esprit, la prière qu'il faisait à ses disciples, était de le faire porter à la Charité, et de se débarrasser de lui. En leur faisant excuse des incommodités qu'il leur causait, il les exhortait à s'en délivrer, et leur demandait en grâce de lui chercher une place dans le refuge ouvert à tous les pauvres. C'est sur quoi les Frères ne purent se résoudre à le satisfaire. Ils n'avaient garde de confier à des soins étrangers un malade qui leur était si cher. Ils prirent de de lui tous les soins que de bons enfants peuvent avoir pour un bon père, et pourvurent à ses besoins, autant que leur extrême pauvreté le put permettre.

Le pieux Instituteur, délivré, presque contre toute espérance, du danger et des douleurs de la mort qui l'avait environné, ne pensa plus qu'à consacrer, avec un zèle nouveau et un redoublement de ferveur, à la gloire de Dieu et à l'affermissement de son Institut, la vie que Dieu lui rendait. Son premier soin, au sortir de la maladie, fut de l'oublier. Il venait d'éprouver qu'il n'avait pas un corps de fer, et que le sien avait besoin de ménagement plus qu'aucun autre. Cette expérience ne le rendit pourtant pas plus indulgent qu'auparavant à son égard ; il fut toujours le seul dont il n'eut point pitié, et qu'il continua de maltraiter.

On se souvient que l'homme de Dieu, après avoir passé une grande partie de la nuit, pendant une année presque entière, en pénitence et en oraison, passait l'autre partie couché sur le sol ; il y contracta un rhumatisme, qui donna dans la suite un grand aliment à sa patience. En effet, après avoir été assez de temps la victime des douleurs les plus aiguës, il se vit bien des fois perclus des bras, des jambes et de tout le corps. Ce qui était admirable, c'est que le mal, adouci le dimanche, le retirait de l'impuissance absolue dans laquelle il l'avait tenu toute la semaine de célébrer la sainte messe. Ainsi, ces jours-là, il se faisait mener à la chapelle, et s'y traînait comme il pouvait à l'aide des Frères qui le soutenaient sous les bras pour y aller célébrer.

Chaque pas lui coûtait des peines aussi grandes que s'il eût marché pieds nus dans un chemin semé d'épines ; mais la joie d'aller dire la sainte messe les adoucissait. Monté à l'autel, un redoublement de ferveur et de grâce le soutenait, et, élevé au-dessus de sa faiblesse, il oubliait ses maux pour ne se ressouvenir que du sacrifice qu'il offrait. Ensuite, consolé d'avoir immolé la divine Victime et de s'en être nourri, il retournait content sur son lit de douleur.

Cependant, à un mal qui, en le sanctifiant, l'aurait rendu inutile à sa communauté, s'il eût persisté, il chercha un remède : et je ne sais quel fut le médecin qui lui en apprit un, qui ne pouvait être du goût que d'un saint. Ce remède est du nombre de ceux dont personne ne veut faire l'épreuve sur soi, et qu'on ne voudrait conseiller qu'à un ennemi. Mais le Saint ne croyait pas avoir un plus grand ennemi que son corps ; ainsi il ne faut pas s'étonner s'il saisit cette occasion d'ajouter ce nouveau tourment à tant d'autres qu'il lui faisait souffrir. Voici comment ce remède fut mis en œuvre. Quand on eut étendu le malade sur des chaises ajustées en forme de gril de bois, on mit sous lui deux grands poêles de fer remplis de charbons allumés, sur lesquels on jetait du genièvre, dont la fumée chaude et ardente, s'insinuant dans les pores, devait produire la transpiration des sérosités rhumatisantes, ou les consumer en fortifiant les nerfs et les autres parties du corps. De plus, tandis que le patient, nu d'un côté, recevait une chaleur brûlante, il était couvert de l'autre d'une couverture et d'un matelas qui concentraient en ses membres toutes les impressions du feu. Aussi, dans ce nouveau genre de tourment, une partie du corps n'avait point à se plaindre de l'autre ni à envier son sort : l'homme de Dieu était tout entier dans la souffrance, et nul de ses membres ne pouvait se dérober à la douleur.

La petite chambre où l'on pratiquait ce remède, échauffé par le feu, ne tarda pas à devenir une étuve si remplie de fumée, qu'on avait peine à y respirer. Le Frère qui soignait le malade n'avait garde de s'en plaindre, ayant sous les yeux un spectacle de patience qui le frappait trop pour penser à sa peine. En regardant saint Jean-Baptiste étendu sur une espèce de gril ardent, il se représentait saint Laurent qui brûlait à petit feu sur le sien, et il jugeait, par la générosité du saint prêtre, quelle force la charité avait donnée au saint lévite pour souffrir la rigueur du plus cruel des supplices. La curiosité qu'eut le Frère, de voir si les chaises sur lesquelles était étendu le malade ne brûlaient point, lui apprit ce qu'il souffrait ; car il les trouva si chaudes, qu'il ne put y arrêter la main ni en soutenir la chaleur. L'unique soulagement que le pieux patient se permettait, pendant une opération si cruelle, était de soupirer et de répéter incessamment ces paroles avec douceur : *Mon Dieu !* et plus souvent celles-ci, qu'il avait toujours dans la bouche : *Dieu soit béni !* Au reste, il ne fut pas quitte une première fois de ce supplice : le rhumatisme étant pour l'ordinaire un mal habituel qui revient souvent,

et qui, en certains temps de l'année, devient plus
douloureux, il était nécessaire de réitérer souvent ce remède violent, et de remettre de nouveau, sur son gril de bois, le martyr de la pénitence.

CHAPITRE XII.

LES RÈGLES. — LES VŒUX.

CEPENDANT, cet état de souffrance ne
l'empêchait pas d'avoir toujours l'œil sur
son institut naissant, et de veiller à la garde de
la régularité dans toutes les maisons des Frères.
Il n'attendait pas même d'être entièrement guéri
pour aller visiter les lieux qui avaient besoin de
sa présence ; car il comptait pour rien sa santé,
dans tout ce qui regarde le service de Dieu, et
il se faisait un plaisir de la sacrifier à sa gloire.

Une de ses grandes préoccupations était la
formation des jeunes religieux. Après son départ
de Reims, le petit-noviciat et le séminaire des
maîtres d'école de la campagne, dont l'établissement lui avait coûté tant de sollicitude, n'a-
vaient pu se maintenir ; déjà le noviciat même
était menacé de s'éteindre, faute de sujets. Il
comprit la nécessité d'appeler auprès de lui ce
Cénacle et de vivifier par ses exemples et ses
instructions ce petit noyau de jeunes gens, espoir de l'avenir pour son Institut.

A cet effet, il loua vers le mois de septembre
1691, au faubourg de Vaugirard, une maison
spacieuse, mais depuis longtemps abandonnée

et d'une apparence très modeste. Il s'y retira avec les novices venus de Reims.

Alors, se voyant dans le repos, il se sentit inspiré d'en profiter pour travailler à la rédaction d'une règle. Comme il avait eu soin de faire précéder par les usages, les règlements qu'il voulait établir, il ne s'agissait que de rédiger par écrit les pratiques que la ferveur avait déjà autorisées.

Cependant, avant que d'y mettre la main, ce nouveau Moïse eut recours, comme d'ordinaire, aux lumières du Saint-Esprit, et, pour les mériter, au jeûne, à la prière, à l'oraison et à des pénitences nouvelles. Après s'y être exercé longtemps avec ferveur, sentant son cœur ouvert à l'inspiration céleste et plein de l'esprit de Dieu, il composa le recueil de ses Règles. Ce n'était pas assez, l'humble Supérieur ne voulut rien faire passer par autorité, rien qui ne fût de l'agrément et de la bonne volonté des Frères. Dans une assemblée de tous les Frères anciens, il soumit à leur examen le recueil des Règles, tel qu'il est encore aujourd'hui. Il leur donna toute liberté de faire leurs observations, et de lui dire avec franchise ce qu'ils y trouveraient à ajouter, à changer ou à retrancher.

Chacun ayant fait ses réflexions particulières, il les écouta avec douceur et docilité ; et tous le trouvèrent disposé à faire les changements qu'ils désireraient. Mais ces dignes enfants, persuadés que leur vertueux Père avait lui seul plus de lumières qu'eux tous ensemble, et qu'il n'y avait rien d'écrit de sa main dans la Règle que ce que le Saint-Esprit avait inspiré et que l'usage avait autorisé, la reçurent avec respect et soumission, et en approuvèrent tous les articles en unité d'esprit et de cœur.

Les Frères, fervents et fermes dans leur vocation, avaient un grand désir de faire des vœux perpétuels. Des vœux pour un an ou pour trois ans, leur paraissaient des engagements trop passagers ; ils ne craignaient point d'en contracter d'éternels, avec un maître qui est immuable par sa nature, et infiniment bon par son essence. Ils croyaient ne lui appartenir qu'à demi, tant que les liens qui les attachaient à lui ne seraient pas indissolubles, et ils espéraient trouver dans sa grâce la force que leur volonté ne trouvait pas en elle-même.

Ne trouvant point en lui-même les lumières suffisantes pour se déterminer, ni de marques certaines de la volonté de Dieu, il les chercha dans ses disciples : et, afin de les mettre en état de les recevoir eux-mêmes, il fît entrer en retraite, les uns après les autres, pendant quatre mois, ceux qu'il jugeait les plus capables de contracter des engagements irrévocables.

Son dessein était : 1º de les disposer à une action si sainte et si importante ; 2º d'étudier à loisir les dispositions de chacun d'eux en particulier, et d'examiner s'il trouverait dans leur intérieur le fonds de grâce et de vertu nécessaire pour le dessein projeté ; 3º de mettre leurs âmes en état de se purifier, et de les exposer aux rayons du soleil de justice, pour recevoir la divine lumière.

Les retraites particulières des douze Frères

anciens qu'il avait choisis, et qu'il jugeait seuls
capables d'engagements perpétuels, étant finies
au bout des quatre mois, il les appela tous à
Vaugirard, et y fit venir ceux qui étaient en pro-
vince : il commença avec eux, le jour de la Pentecôte, une autre retraite générale qu'il finit le
jour de la Sainte Trinité. Pendant ces huit jours,
le sage Supérieur ne se lassa point de faire à ses
disciples les remontrances nécessaires sur les engagements qu'ils méditaient ; il ne leur laissa rien
ignorer des suites qu'ils ont dans l'affaire du salut.

Pour cet effet, il fit entrer avec lui plusieurs
fois les Frères en conférence commune, où tous
avaient liberté de faire part de leurs dispositions. Les vœux en étaient la seule matière :
chacun en discourait à son gré et communiquait
ses sentiments. Il paraît, par la conclusion de
ses conférences, que les Frères, éclairés par les
lumières de leur Supérieur sur une matière si
délicate, ne se laissèrent pas emporter par une
ferveur indiscrète ; car le résultat en fut que la
noble ardeur de faire des vœux serait restreinte
à ceux d'obéissance et de stabilité. La suite fit
voir combien le Saint avait eu raison de ne pas
suivre l'impétuosité du zèle de ses enfants sur
ce sujet, puisque des douze qui se lièrent pour
toujours par les vœux d'obéissance et de stabilité, il n'y en a eu que six, qui aient persévéré.
Il voulut que la cérémonie de l'émission des
vœux fût cachée aux autres Frères, et que ceux
qui en étaient les témoins et les acteurs parussent
en perdre la mémoire, et s'obligeassent à un
secret inviolable ; et, pour n'en donner aucun

soupçon, il se retira avec les douze dans le lieu le plus écarté de la maison, pour en faire la cérémonie à l'aise et en toute liberté:

En commençant cette cérémonie, le premier, au milieu des douze Frères, il prononça sa consécration d'un ton et d'un air si rempli d'onction et de dévotion, qu'il les fit fondre en larmes.

Son vœu, qui fut le même pour tous les autres, contenait en substance qu'il se consacrait à Dieu pour procurer sa gloire autant qu'il lui serait possible, et que, pour cet effet, il s'unissait à tels et tels, en nommant les douze Frères, pour tenir ensemble et par association les Écoles gratuites, etc., qu'il faisait vœu d'obéissance, tant au corps de cette Société qu'aux Supérieurs, et qu'il y ajoutait celui de stabilité dans la Société pendant tout le temps de sa vie. L'acte de ce vœu était signé de sa main (¹). Tous les autres Frères, à son exemple, prononcèrent les mêmes vœux l'un après l'autre.

CHAPITRE XIII.

LE PENSIONNAT DES IRLANDAIS.

VERS ce temps, saint Jean-Baptiste ouvrit sa maison à cinquante jeunes Irlandais passés en France depuis peu, pour y conserver leur religion. La proposition lui en avait été faite par M. le curé de Saint-Sulpice, de la part de Mgr l'archevêque. Le prélat, à la recommandation du

---

1. La formule même, écrite et signée de sa propre main par saint Jean-Baptiste de la Salle, est précieusement conservée dans les archives de l'Institut.

ST JEAN-BAPTISTE REÇOIT LE VIATIQUE.
(P. 115.)

roi d'Angleterre (¹), réfugié dans ce royaume, après avoir cherché un lieu convenable à la jeune troupe qui s'exilait volontairement de son pays, pour mettre sa foi à l'abri de la persécution, n'en trouva pas de plus propre que la Communauté des Frères, pour nourrir la piété et mettre à couvert de la corruption du siècle l'innocence de ces jeunes gens, encore plus exposée que leur foi.

Saint Jean-Baptiste s'étudia à répondre à la confiance que son prélat lui témoignait. Par motif d'obéissance pour son Supérieur, et par motif de charité envers les pieux exilés, il les logea tous, et il en remplit sa maison. Il prit lui-même un soin particulier de leur éducation, sans se fier entièrement à la vigilance du Frère qu'il établit sur eux ; de sorte qu'en peu de temps ils se trouvèrent en état de remplir avec honneur les places diverses qui leur étaient destinées.

Pendant que cette jeunesse, si catholique et si attachée à l'Église romaine, était élevée dans une sainte école, le roi d'Angleterre, accompagné de Mgr le Cardinal, les honora de sa visite. Ce grand prince, victime de sa piété, et qui avait sacrifié son trône aux intérêts de la foi, s'intéressait extrêmement à la bonne éducation d'une jeunesse persécutée à son occasion. On sait assez, sans qu'il soit besoin de le dire, que la grande révolution, arrivée en Angleterre plusieurs années avant la persécution dont nous parlons, fut l'effet du zèle que ce saint roi avait fait paraître pour la foi catholique. Obligé de fuir avec la reine son épouse, et le prince de

____

1. Jacques II.

Galles, leur fils et l'héritier de leur couronne, devant le tyran qui s'était fait, par le crime, une route pour monter sur leur trône, ils avaient cherché en France un asile dans la protection de Louis XIV, zélé défenseur de leurs droits et de leur foi. Les fidèles sujets du monarque anglais avaient été bien reçus dans un royaume qui venait de vomir de son sein l'hérésie qui y avait fait tant de carnages. Par leur exemple, ceux qu'ils avaient laissés dans leur pays, exposés à la fureur de la persécution, étaient excités à venir mettre, à leur tour, leur salut en sûreté en France.

Comme le zèle pour la religion catholique était l'unique cause de la disgrâce du roi et de la reine de la Grande-Bretagne, l'usurpateur de leur couronne (¹) faisait de continuels efforts pour abolir la vraie foi dans leurs États. Le tyran, qui savait que le légitime roi avait encore grand nombre de sujets fidèles dans les royaumes qu'il avait abandonnés, et qui n'ignorait pas que c'était l'attachement au catholicisme qui les maintenait dans une si grande fidélité à leur légitime souverain, crut que le moyen de triompher de leur double fidélité était d'appesantir son bras meurtrier et d'écraser, sous le poids de son autorité, les catholiques romains. Ainsi, sans rougir d'ajouter à l'odieux titre d'usurpateur celui de tyran, il recommençait souvent la persécution, et les zélateurs de la foi ancienne, aimant mieux abandonner leurs biens et leur patrie que leur religion, venaient implorer la

1. Guillaume de Nassau, prince d'Orange.

protection du roi très chrétien, qui se faisait un honneur et un devoir de piété de les recevoir dans son royaume.

Ces fidèles sujets, que le glaive de la persécution avait fait fuir de leur pays pour se réunir à leur prince légitime, lui étaient très chers. Comme leur cause était la sienne, il s'intéressait avec un cœur de père à ce qui les regardait, et prenait soin d'eux comme de ses propres enfants. Il le fit bien paraître dans l'occasion dont nous parlons ; car, sans se croire déchargé du soin des jeunes Irlandais, qu'il avait recommandés à Mgr le Cardinal et confiés à sa charité, il voulut voir de ses yeux le lieu qu'ils habitaient, examiner l'éducation qu'on leur donnait, et s'informer de ce qui les regardait. Témoin de la manière chrétienne dont on les élevait, il en fut fort satisfait, et après avoir témoigné beaucoup de bonté à saint Jean-Baptiste, il parut lui savoir gré des peines qu'on se donnait pour les instruire, et du progrès qu'ils avaient fait.

Ce grand talent que possédait le vertueux prêtre pour élever chrétiennement la jeunesse, et convertir les âmes endurcies, lui attirait la confiance des plus grands pécheurs. Les parents mécontents de leurs enfants libertins, et désespérant de les pouvoir rappeler à leur devoir, cherchaient en lui la grâce qu'ils ne trouvaient pas en eux-mêmes, pour les retirer de leurs égarements. Il y réussissait souvent au delà de leurs vœux ; les enfants libertins et indomptables, il les rendait à ceux qui les lui avaient envoyés, doux, dociles, soumis et pieux.

CHAPITRE XIV.

SÉJOUR DANS LE MIDI DE LA FRANCE. — SON RETOUR.

DIVERSES circonstances forcèrent saint Jean-Baptiste à quitter la maison de Vaugirard, pour celle de Notre-Dame des dix Vertus, puis pour celle du faubourg Saint-Antoine; il n'y demeura pas longtemps en paix. Les maîtres d'école lui déclarèrent la guerre avec une fureur nouvelle et avec succès, parce que M. le curé de Saint-Sulpice l'abandonna à leurs coups. C'était par son ordre que les Écoles chrétiennes avaient été ouvertes, sans distinction, à tous les enfants qui demandaient une instruction gratuite.

Ce silence donna pleine victoire à ses ennemis ; ils obtinrent enfin ce qu'ils avaient désiré, la condamnation du Saint et de ses Frères par défaut. La sentence du 22 février portée contre eux fut confirmée, et, pour y avoir contrevenu, saint Jean-Baptiste fut condamné à cent livres, et chacun des Frères qui tenaient école, à cinquante livres de dommages et intérêts envers la Communauté des maîtres-écrivains, avec dépens.

Le nouvel Institut des Frères des Écoles chrétiennes, presque étouffé dans Paris, alla respirer ailleurs. Le vent de la persécution, en chassant le Saint de la Salle de Paris, porta successivement son Institut en différents endroits, à Rouen, à Dijon, à Marseille, à Grenoble, à Mende, à St-Denis, à Versailles, à Boulogne, à Moulins, aux Vans (diocèse d'Uzès).

De Mende, où il séjourna deux mois environ, saint Jean-Baptiste se rendit à Grenoble, où il crut trouver un autre ciel et une autre terre, en y trouvant un calme profond.

Le Frère qui était chargé de l'école de la paroisse de Saint-Laurent, ayant entrepris par son ordre, un long voyage pour les affaires de la communauté, le Saint prit sa place, et s'appliqua à instruire les enfants avec une douceur, une patience, une attention et une tranquillité que tous les Frères doivent prendre pour modèle dans cette fonction.

On voyait ce docteur, cet ancien chanoine de Reims, ce chef de congrégation, se faire un honneur, un plaisir, un devoir d'instruire les enfants ; d'apprendre aux plus petits l'A, B, C, aux autres à lire et à écrire, et à tous les premiers éléments de la doctrine chrétienne. La manière dont il remplissait cet office faisait assez sentir et le goût qu'il y prenait, et l'attention qu'il avait à y pratiquer les vertus différentes dont chaque moment fournit les occasions dans une école.

S'il mettait de la distinction entre les écoliers, c'était en faveur des plus pauvres. Son inclination pour eux se marquait par la peine qu'il se donnait à les faire avancer dans la lecture et dans l'écriture, parce que, disait-il, cela leur est très nécessaire : c'était de cette manière que son humilité savait cacher sa charité. Son zèle à leur égard les favorisait encore dans les catéchismes qu'il leur faisait tous les jours ; et si, dans le nombre, quelques-uns étaient les objets de sa préférence, c'étaient les plus ignorants. Comme ceux-ci, pour l'ordinaire, sont abandonnés à leur stupidité naturelle ou à leur légèreté d'esprit par des maîtres peu zélés ou peu charitables, ils devenaient l'objet de sa prédilection et l'exercice de sa patience. Dieu voulut bénir ses soins, et faire voir qu'un zèle doux et patient vient à bout de tout, et sait faire des miracles ; car il leur apprit enfin les vérités de la religion, et les avança dans la lecture et dans l'écriture.

Après l'avoir vu, ou conduire les enfants à l'église, ou monter au saint autel, on ne l'appelait plus que le *saint prêtre*. Ce nom fut celui que son ministère d'humilité lui mérita à Grenoble.

Quand le Frère fut de retour, lui et saint Jean-Baptiste reprirent leurs occupations ordinaires : le Frère rentra dans ses fonctions de maître d'école, et le serviteur de Dieu dans sa retraite, dans sa vie d'oraison et de pénitence. La seule distraction qu'il se permit fut la composition de plusieurs ouvrages de piété, tant pour l'instruction de la jeunesse que pour l'utilité de ses disciples.

La longue absence de leur Père avait appris aux Frères combien il leur devait être cher, et combien son retour leur était nécessaire. Ils l'importunaient sans cesse et le fatiguaient de leurs lettres, qu'il laissait sans réponse. Il en agissait de la sorte parce qu'il craignait que sa présence parmi eux, à Paris, ne pouvait que provoquer de nouvelles difficultés. Ennuyés, à la fin, d'user de tant de moyens inutiles, ces enfants fidèles en imaginèrent un qui fut plus efficace pour faire revenir leur père.

Les principaux Frères de Paris, de Versailles et de Saint-Denis s'étant donc assemblés, convinrent de lui écrire une lettre au nom de tout l'Institut, par laquelle, après l'avoir sollicité par les raisons les plus tendres et les plus touchantes, ils lui ordonnèrent, en vertu de l'obéissance qu'il avait vouée à l'Institut aussi bien qu'eux, de revenir à Paris sans délai.

Il fallait que les Frères eussent une idée bien haute de l'humilité et de l'obéissance de leur Instituteur, pour oser lui écrire de la sorte, et croire qu'il voulût se soumettre à un commandement qui, assurément, se trouvait mal placé dans la bouche de ceux qui le faisaient, et qu'on ne pourrait excuser, si la simplicité et le besoin ne l'eussent pas autorisé.

Toutefois, une lettre si singulière surprit d'abord le saint prêtre, et s'il n'avait pas reconnu l'écriture des Frères qui l'avaient signée, il aurait pu entrer en soupçon contre elle, et s'imaginer qu'elle était fabriquée à plaisir, ou qu'elle était le pieux stratagème de quelqu'un des plus zélés pour l'Institut et des plus attachés à sa personne. Ne pouvant donc former aucun doute sur l'authenticité de cette lettre, il demeura comme interdit en la lisant, incertain s'il devait ou blâmer la hardiesse de ceux qui l'avaient écrite, ou louer le zèle qui l'avait inspirée. Les diverses pensées qui se succédèrent en son esprit, pendant la lecture qu'il en faisait, aboutirent à la déférence pour ses inférieurs, et le déterminèrent à leur donner encore une fois un illustre exemple de soumission et de dépendance, puisqu'ils l'attendaient de lui.

MORT DE ST JEAN-BAPTISTE DE LA SALLE. (P. 119.)

Saint Jean-Baptiste prit sa route du côté de Lyon. A son arrivée, sa dévotion le conduisit au tombeau de saint François de Sales, où il resta une heure en prières, pour obtenir de Dieu l'esprit de ce grand saint, et sa protection pour l'Institut. Quelques personnes de connaissance qu'il alla visiter dans la ville, voulurent l'y retenir quelque temps; mais il s'en dispensa, en donnant pour excuse que l'obéissance le pressait de se trouver au plus tôt à Paris. De Lyon il se rendit à Dijon, où les Frères le reçurent avec une joie mêlée de tristesse, à cause du peu de temps qu'il avait à leur accorder pour les consoler de sa longue absence. Enfin, il arriva à Paris le 10 août 1714.

Le saint Instituteur qui était venu à Paris à la voix de l'obéissance, y parut en état d'inférieur, et dit aux Frères, en les abordant : «Me voici arrivé; que désirez-vous de moi?» Les Frères n'eurent de paroles que pour le supplier de reprendre la conduite générale de l'Institut. Le saint prêtre s'en défendit par la raison que l'œuvre ayant été soutenue, pendant son absence, par la main puissante qui l'avait commencée, la sienne était inutile ; il dit de plus qu'il fallait le supposer mort, et faire comme s'il n'était plus au monde. Il ajouta qu'il était résolu de vivre désormais dans l'état particulier où la Providence l'avait conduit par des voies secrètes ; et qu'après avoir goûté la douceur d'une vie libre du soin des autres, il ne pouvait se résoudre à reprendre une charge si pesante ; qu'il était temps de penser au choix d'un Supérieur général qui, par sa bonne conduite, pût réparer les fautes qu'il avait faites.

Mais tous ses efforts furent encore, pour cette fois, inutiles. Il ne put jamais obtenir de ses enfants la démission qu'il sollicitait depuis tant d'années. Ils ne l'avaient pas fait venir pour le déposséder. Tout autre que lui, dans sa place, ne pouvait être de leur goût. Ils ne pouvaient ni se passer de lui, ni se soustraire à son autorité. Ils se jetèrent donc tous à ses pieds pour lui marquer leurs respects et se soumettre à ses ordres. Le serviteur de Dieu, frustré encore une fois de son espérance, se retira dans sa pauvre chambre, le cœur plein de tristesse de ne pouvoir se délivrer d'un fardeau qui lui devenait à charge, et dont il se croyait fort incapable.

Toutefois, il ne garda que le nom de Supérieur, se déchargeant du détail des affaires sur le Frère Barthélemy, qui ne faisait pourtant rien sans le consulter. Le saint homme ne voulut pas même conduire la maison, ni présider aux exercices.

Il ne se réserva que l'exercice du ministère dont il ne pouvait se décharger sur ses Frères. Il leur disait la sainte messe, les confessait et leur faisait les dimanches et les fêtes une exhortation spirituelle d'une demi-heure. Tout le reste du temps il se tenait retiré dans sa chambre, et s'employait à prier, à lire la sainte Écriture et les livres de piété, et à composer des ouvrages spirituels pour l'avantage particulier des siens.

CHAPITRE XV.

SA DERNIÈRE MALADIE. — SA MORT.

APRÈS avoir réglé à Paris ce qui intéressait le bien de ses diverses communautés, le Saint se retira à la Maison de Saint-Yon, à Rouen, qui était devenu le centre de l'Institut.

En 1717, il réussit enfin à obtenir de ses disciples la démission de Supérieur-Général, charge qui fut conférée au Frère Barthélemy. Dès lors, il ne songea plus qu'à se préparer à la mort.

Plus il sentait sa fin approcher, plus il travaillait à mourir à tout et à s'effacer dans l'esprit de toutes les créatures, même de ses plus chers disciples. Il leur parlait sans cesse de la mort, et leur déclarait que la sienne n'était pas éloignée, qu'ils ne devaient plus le compter parmi les vivants, et que, par cette raison, ils devaient s'accoutumer à se passer de lui. On ne fut pas longtemps sans craindre la vérité de sa prédiction. Le rhumatisme que le saint prêtre avait contracté, il y avait déjà longtemps, par ses veilles et ses austérités, et par le sommeil pris sur le sol, après la plus grande partie des nuits passées en oraison, était un mal habituel qui avait résisté à tous les remèdes, même les plus forts. L'espèce de supplice employé plusieurs fois comme remède, avait, à la vérité, procuré du soulagement, mais il n'avait pas assuré la guérison. Les années en augmentaient les peines et en étendaient les incommodités généralement sur tous les membres ; de sorte qu'enfin

son désir de souffrir dut être satisfait. Ces douleurs furent aigries par la continuation de ses
austérités et de ses exercices ordinaires de piété ;
car il n'en rabattait rien et il traitait son corps
comme s'il eût été sans sentiment ; ce qui donna
lieu de penser qu'il ne se portait pas si mal. On
était tenté de croire qu'un homme qui ne se
plaignait jamais, et qui ne permettait pas aux
plus violentes douleurs de se manifester par
aucun signe, ne souffrait pas beaucoup. En effet,
toute son attention était de n'avoir que Dieu
pour témoin de sa patience, de souffrir en silence,
et de dérober aux Frères la connaissance de
son mal. Il y réussit ; car un visage toujours
calme et serein, gai et tranquille, sans le moindre nuage de chagrin et d'altération leur disait
qu'il était sans peines, lorsqu'il en sentait de très
vives. On l'eût toujours cru en assez bonne santé,
si l'affaiblissement de ses forces, joint à la difficulté d'agir, n'eût appris le contraire. Un asthme
dont il était travaillé depuis quelque temps, fut
un surcroît de mal que le jeûne augmenta. Ces
maux compliqués ne l'empêchèrent pas de commencer le Carême de l'année 1719 avec son aus-
térité ordinaire ; et quoiqu'il eût peine à respirer, tant l'oppression que lui causait l'asthme
était violente, les Frères ne purent l'engager à
y chercher quelque soulagement, ni à rompre
le Carême. Il leur répondait « que la victime
étant près d'être immolée, il fallait travailler
à la purifier ». Le Frère Barthélemy, de retour
d'un voyage qu'il avait été obligé de faire à
Paris, n'ayant pas plus gagné sur lui que les

autres, ils eurent recours à son confesseur, et le prièrent d'interdire à l'humble prêtre une abstinence qui mettait sa vie en danger. Il se soumit, et fit céder l'esprit de pénitence à celui d'obéissance.

Peu de temps après, un violent mal de tête, causé par la chute d'une porte, joint à une vive douleur de côté, compliquèrent sa maladie. Le médecin qui fut appelé la jugea mortelle, et ne le dissimula point. Le vertueux malade l'apprit avec un air gai et content comme une heureuse nouvelle qu'il attendait de jour en jour. Son désir était de quitter la terre et d'être réuni à Jésus-Christ. La vie qu'il menait ne lui laissait point d'autre intérêt que de mourir au plus tôt. En mourant, il n'avait rien à perdre, et il avait tout à gagner. Un homme depuis si longtemps attaché à la croix de Jésus-Christ et crucifié avec lui, ne pouvait attendre qu'avec joie son dernier soupir, qui devait mettre fin à son tourment et commencer son bonheur.

Cependant, le médecin, qui désespéra de la guérison du malade, essaya en vain de soulager ses douleurs par tous les remèdes imaginables. Le saint homme, quoiqu'il les crût très inutiles, ne les refusa point, parce qu'ils étaient très dégoûtants, et qu'ils lui fournissaient les occasions de faire à Dieu le sacrifice de ses répugnances. Tout ce qu'on put faire pour son soulagement, fut sans succès. Le mal allait son train, et augmentait considérablement. Alors il pria les Frères de ne se point mettre en dépense, et de s'épargner les frais des remèdes.

Il ajouta que son heure approchait, et qu'il ne
fallait plus avoir recours qu'au souverain Médecin, qui seul pouvait guérir et soulager son mal.

Sur la fin du Carême, le mal devint si in-
tense, qu'il obligea le serviteur de Dieu de se
remettre au lit. A mesure qu'il sentait son corps
s'affaiblir, la joie croissait en son âme et se
montrait sur son visage. J'espère, disait-il, que
je serai bientôt délivré de l'Égypte, pour être
introduit dans la véritable Terre promise.

La fête de saint Joseph approchait. Sa dévotion particulière envers ce grand saint, qu'il avait
choisi pour patron et protecteur de l'Institut, lui
inspirait un ardent désir de pouvoir célébrer la
sainte messe, ce jour-là, en son honneur ; mais
il se contentait de le désirer, car il ne paraissait
pas possible de pouvoir le faire, sans une espèce
de miracle. Cependant, cette faveur que le serviteur de Dieu n'osait attendre, encore moins
demander, lui fut accordée. La veille de la fête
du saint Protecteur de son Institut, sur les dix
heures du soir, il sentit ses douleurs diminuer
et ses forces revenir. Il en fut si surpris lui-
même, qu'il s'imagina que c'était un songe, et
n'en parla à personne. Le lendemain matin lui
apprit que ce retour subit de santé n'était ni
rêve, ni imagination, car il se trouva si fortifié,
qu'il se vit en état de se lever et de célébrer les
divins mystères. Sa joie fut grande de pouvoir
contenter sa dévotion ; celle de ses enfants,
qui le crurent guéri par un miracle du Tout-
Puissant, fut encore plus vive. Tous ensemble bénirent, louèrent et remercièrent la

bonté de Dieu et leur patron saint Joseph.

Le saint homme profita de cette faveur, et monta à l'autel avec le recueillement et la ferveur que demandait la dernière messe de sa vie. L'air libre et dégagé avec lequel il la célébra, confirma les Frères dans la pensée que Dieu lui avait rendu la santé, par l'intercession de saint Joseph. Ils s'empressèrent tous à lui demander des avis pour leur avancement spirituel, comme s'il eût été parfaitement guéri ; il les leur donna pour la dernière fois, avec la facilité d'un homme vigoureux et robuste ; mais enfin, après avoir satisfait sa piété et celle des Frères, il rentra dans son premier état ; les forces lui manquèrent, et sa fin ne parut pas éloignée. Alors les Frères connurent, à leur grand regret, que la santé ne lui avait pas été rendue, mais seulement prêtée pour célébrer la sainte messe en l'honneur de saint Joseph, et satisfaire sa dévotion envers ce grand saint.

Monsieur le Curé de Saint-Sever, averti du danger où se trouvait l'Instituteur des Frères, vint le visiter, et, après lui avoir témoigné la part qu'il prenait à son mal, l'exhorta à la patience. Le pasteur, accoutumé à voir le trouble et l'inquiétude partout où il allait, chez ses malades, aux approches de la mort, fut fort surpris, et presque déconcerté de voir celui-ci tranquille et dans un état d'indifférence à tout événement. Comme s'il eût été choqué ou peu édifié de la sécurité dans laquelle le serviteur de Dieu paraissait être, il se crut en devoir de l'en faire sortir, en lui annonçant sans détours les ap-

GUÉRISON D'UN JEUNE ÉLÈVE DU PEN-
SIONNAT DE RODEZ. (P. 119.)

Vie de S. J.-B. de la Salle.

8

proches de la mort, et du jugement qui la suit. « Sachez, lui dit-il, que vous allez mourir, et qu'il vous faudra ensuite comparaître devant Dieu. — Je le sais, répondit saint Jean-Baptiste, et je suis très soumis à ses ordres. Mon sort est entre ses mains ; que sa volonté soit faite. » Le Curé sentit par ce peu de paroles, d'où procédaient la confiance et la tranquillité du malade, et jugea bien que de longues remontrances n'étaient guère nécessaires à un homme tout occupé de Dieu, et qui semblait déjà entrer en jouissance de la paix des saints. Il fut même inspiré de terminer avec paix et charité le différend qu'il avait eu avec le saint homme, qui n'avait pas voulu acquiescer à tout ce qu'il exigeait des Frères établis sur sa paroisse : ce qui donna une vraie consolation au pieux malade. Depuis ce moment, son cœur s'abandonna au désir du souverain Bien, et fixa toutes ses pensées sur la céleste Jérusalem. Son union avec Dieu et ses aspirations vers lui étaient continuelles. Il demanda, avec un empressement qui surprit, le saint Viatique, qu'il appelait son *passe-port*, et on fit difficulté de le lui donner, parce qu'on ne le croyait pas encore si proche de sa fin ; cependant on promit de le lui apporter le lendemain. Ce délai favorisa le grand désir qu'il avait de s'y bien disposer. Toute la nuit fut employée à cette préparation. Dès que le jour parut, il donna ordre qu'on disposât toutes choses pour recevoir son Seigneur avec décence. On le fit, pour le contenter, avec la magnificence que permettait la pauvreté de la maison de Saint-

Yon. Rien ne pouvait lui faire plus de plaisir, parce qu'il aimait que tout ce qui regarde les divins mystères fût propre et riche.

Pendant qu'on préparait la maison avec diligence pour la venue de JÉSUS-CHRIST, saint Jean-Baptiste était tout recueilli en lui-même pour lui préparer son cœur. Il oublia encore en ce moment qu'il était malade à l'extrémité, et chercha, dans sa ferveur, dans son respect profond et dans sa dévotion ardente envers le Saint-Sacrement, des forces suffisantes pour se lever. Honteux de recevoir dans son lit le Prince des Éternités, il fit tant d'instances pour qu'on l'en retirât et qu'on le revêtît du surplis et de l'étole, qu'on ne put le lui refuser. Ainsi attendit-il, assis dans une chaise, son Seigneur et son Dieu ; mais quand le son de la cloche annonça son approche, il ne fut plus maître de lui-même. Confus de paraître assis devant son Créateur et son Juge, un transport de ferveur le fit se prosterner devant lui pour l'adorer et s'anéantir en sa présence. Alors, le visage enflammé par l'excès de la joie et l'ardeur de sa charité, on le vit recevoir le saint Viatique de la manière dont on l'avait vu tant de fois célébrer la sainte messe, avec la dévotion d'un séraphin. Ce feu qui parut en ce temps sur son visage lui rendit un air de santé qui fit croire aux assistants qu'il se portait bien. Quelques-uns même ne purent s'empêcher de témoigner leur étonnement de ce qu'on communiait en Viatique un homme qui paraissait si bien portant.

Il était temps de lui accorder cette consolation,

qui ne fut complète que quand on lui apporta le dernier sacrement, qu'il demanda avec instance : car il sentit ses forces considérablement diminuer, et la prison de son corps au moment prochain de sa ruine. L'Extrême-Onction lui fut donnée le lendemain, Jeudi-Saint, et il la reçut avec la plus grande présence d'esprit, répondant lui-même à toutes les prières. Quand elles furent achevées, il resta dans un profond silence l'espace de sept heures, occupé des grâces que Dieu venait de lui accorder.

Le saint prêtre ne rompit ce silence que pour complaire à ceux qui, environnant son lit, voulaient où être témoins de sa fin bienheureuse, ou recevoir de lui quelques avis, ou entendre quelques mots d'édification. Il les satisfit tous, et découvrit même à plusieurs ce qui était de plus caché en leurs âmes, ce qui les étonna fort. Un séculier qui était présent, soit par curiosité, soit par piété, voulut faire la même épreuve, et le pria de lui déclarer ce qu'il pensait de lui. Il répondit : « Il ne tient qu'à vous de vous sauver, car Dieu vous comble de ses grâces, mais vous n'en profitez pas ; vous n'allez pas à lui comme vous devriez ; vous enfouissez les talents qui vous ont été donnés. » Rien n'était plus vrai ; cet homme l'avoua, et ajouta que le serviteur de Dieu avait vu dans son intérieur tout ce qui s'y passait.

Les Frères, attendris sur la perte qu'ils allaient faire, s'empressèrent de recueillir ses derniers sentiments. Voici le premier article du testament qu'il leur laissa. « Je recommande pre-

« mièrement mon âme à Dieu, et ensuite tous
« les Frères de la Société des Écoles chrétiennes,
« auxquels il m'a uni, et leur recommande, sur
« toutes choses, d'avoir toujours une entière sou-
« mission à l'Église et surtout dans ces temps
« fâcheux ; et, pour en donner des marques, de
« ne se désunir en rien de Notre Saint-Père le
« Pape et de l'Église de Rome, se souvenant
« toujours que j'ai envoyé deux Frères à Rome
« pour demander à Dieu la grâce que leur So-
« ciété y fût toujours entièrement soumise. Je
« leur recommande aussi d'avoir une grande dé-
« votion envers Notre-Seigneur, d'aimer beau-
« coup la sainte communion et l'exercice de
« l'oraison, et d'avoir une dévotion particulière
« envers la très sainte Vierge et envers saint
« Joseph, patron et protecteur de la Société, et de
« s'acquitter de leur emploi avec zèle et avec
« désintéressement, et d'avoir entre eux une
« union intime et une obéissance aveugle envers
« leurs supérieurs, qui est le fondement et le
« soutien de toute perfection dans une commu-
« nauté. »

Cependant, comme il avait beaucoup de peine
à parler et que sa voix s'affaiblissait, on crut
qu'il allait entrer en agonie. Alors tous ses
enfants se jetèrent à genoux pour demander sa
bénédiction ; le Frère Barthélemy, élevant la
voix, le pria de la donner à tous les présents et
de l'étendre à tous les Frères de l'Institut. Son
humilité d'abord y apporta de la résistance ;
mais enfin, cédant aux instances qui lui en
furent faites, il leva les mains et les yeux au

ciel, et dit: «Que le Seigneur vous bénisse tous.»
Cette bénédiction fit couler bien des larmes des
yeux de ses disciples, et fit dans leur cœur une
nouvelle plaie très douloureuse. Le sentiment de
la perte qu'ils allaient faire croissait en leur
esprit, à mesure qu'elle approchait ; et tous,
comme de tendres enfants que la mort de leur
Père allait rendre orphelins, ils ne trouvèrent de
consolation à leur peine que dans leur piété,
dans la soumission aux ordres de Dieu, et dans
l'espérance que l'Instituteur, enlevé à leurs yeux,
continuerait dans le ciel les services qu'il leur
rendait sur la terre. Vers la fin du jour, il commença à perdre connaissance ; on dit alors les
prières des Agonisants. Elles ne furent pas plus
tôt finies que le pieux malade revint à lui. Il
profita encore de ce dernier moment que Dieu
lui donnait, pour inspirer en peu de mots, à ses
disciples, l'horreur qu'il avait du monde : « Si
« vous voulez vous conserver, dit-il, et mourir
« dans votre état, n'ayez jamais de commerce
« avec les gens du monde ; car peu à peu vous
« prendrez goût à leurs manières d'agir, et vous
« entrerez si avant dans leurs conversations, que
« vous ne pourrez vous défendre, par politique,
« d'applaudir à leurs discours, quoique très per-
« nicieux ; ce qui sera cause que vous tomberez
« dans l'infidélité, et, n'étant plus fidèles à
« observer vos règles, vous vous dégoûterez de
« votre état, et enfin vous l'abandonnerez. » Il
ne put en dire davantage, parce qu'une sueur
froide, qui le saisit, lui ôta l'usage de la parole.
A ce moment il entra dans une rude agonie qui

dura depuis minuit jusqu'à deux heures et demie du lendemain. Alors, un peu revenu à lui, on lui inspira la pensée d'implorer l'assistance de la très sainte Vierge, par cette prière de l'Église, qu'il avait coutume de lui adresser tous les jours à la fin de la journée : *Maria Mater gratiæ*, etc.

Le Frère Supérieur, qui ne le quittait point, lui demanda ensuite s'il n'acceptait pas avec joie les peines qu'il souffrait : « Oui, répondit-il, j'adore en toutes choses la conduite de Dieu à mon égard. » Ce furent les dernières paroles qu'il prononça. A trois heures du matin il retomba dans l'agonie, qui dura jusqu'à quatre heures. Les agitations qu'elle lui causa n'empê- chèrent pas d'apercevoir sur son visage un air tranquille et assuré. Enfin, sur les quatre heures, il fit un effort comme pour se lever et aller au-devant de quelqu'un ; il joignit les mains, leva les yeux au ciel, et expira. Il mourut le 7 avril 1719, jour du Vendredi-Saint, âgé de 68 ans.

La nouvelle de sa mort s'étant répandue dans la ville de Rouen, chacun accourut pour voir encore une fois un homme qu'on avait assez regardé comme un saint, mais qu'on n'avait pas traité comme tel.

Son visage parut aussi beau et aussi serein après son décès qu'il l'était pendant sa vie. On s'empressa de partager ses dépouilles. La diffi- culté fut de contenter ceux qui en demandaient; car un crucifix, un chapelet faisaient tous ses meubles et ses uniques richesses. Cet héritage saisi par les plus adroits et les plus alertes, on se jeta sur ses pauvres habits, dont chacun prit à sa dévotion quelques lambeaux pour reliques. Les étrangers ne se firent point de scrupule de saisir, par un pieux larcin, ce qui tomba sous leurs mains. Quelques-uns même coupèrent de ses cheveux, les autres conservèrent comme un trésor ce qui avait été à son usage. Ceux de ses disciples qui ne purent avoir part à sa dépouille, en parurent aussi affligés que des enfants qui perdent l'héritage de leur père. Pour les consoler, on fit plusieurs copies du testament qu'il avait fait peu de temps avant sa mort, qui furent distribuées à tous les Frères. Le corps du saint prêtre, revêtu des vêtements sacerdotaux, fut exposé dans la chapelle de Saint-Yon depuis le soir du vendredi jusqu'au samedi-saint, afin de contenter la dévotion de ses disciples et du public. Il fut ensuite enterré sans pompe dans la chapelle de Sainte-Suzanne de l'église paroissiale de Saint-Sever, en présence d'un grand concours de monde qui assista à ses funérailles. Plusieurs religieux de différents Ordres et plusieurs ecclésiastiques se joignirent à ceux de la paroisse, pour honorer la mémoire du défunt. Il fut porté par six Frères, et suivi de tous les autres, qui arrosaient de leurs larmes la terre par où ils passaient, et mêlaient leurs soupirs avec les chants des psaumes.

CÉRÉMONIE DE LA CANONISATION. (P. 128.)

CHAPITRE XVI.

LA GLORIFICATION.

L'HÉROISME des vertus pratiquées par le Fondateur de l'Institut des Écoles chrétiennes, les nombreuses faveurs obtenues par son intercession, inspirèrent à ses disciples le désir de voir sa sainteté reconnue par notre Mère la sainte Église, qui, en inscrivant son nom au catalogue des Saints, le proposerait aux honneurs et à la dévotion des fidèles et l'établirait le patron des enfants et des maîtres chrétiens.

Dans le courant du XVIIIe siècle, des démarches furent faites pour introduire, en Cour de Rome, la cause du serviteur de Dieu, mais elles furent interrompues par la Révolution française. Le procès fut repris durant le généralat du très Honoré Frère Philippe, et le 8 mai 1840, Sa Sainteté le Pape Grégoire XVI publia le décret qui décernait à M. de la Salle le titre de *vénérable*.

De longues années furent employées à examiner les écrits de l'homme de Dieu, à reconnaître l'héroïcité de ses vertus, à constater juridiquement les guérisons miraculeuses attribuées à son intercession. Ce long travail eut un heureux résultat, et le 19 février 1888, Sa Sainteté le Pape Léon XIII publia solennellement, dans la basilique de St-Pierre, le décret de la *béatification*.

De nouveaux miracles étaient nécessaires pour la canonisation ; ils ne tardèrent pas à se produire. Nous faisons suivre le récit de ceux qui sont relatés dans le décret de canonisation.

Le premier de ces miracles a eu lieu en l'année 1889, au pensionnat de Rodez, en France. Le jeune Léopold Tayac était atteint d'une très grave pneumonie. Les médecins avaient perdu tout espoir, et le malade, chez qui les centres cérébraux étaient mortellement atteints, était sur le point d'expirer. Par l'entremise de saint Jean-Baptiste de la Salle auprès de Dieu, toute maladie s'évanouit subitement.

L'autre miracle se produisit, la même année, dans la maison des Frères des Écoles chrétiennes, vulgairement appelée « Maison Neuve », près de Montréal (Canada). Le Frère Néthelme souffrait d'une paraplégie incurable, causée par une lésion de l'épine dorsale. Il en souffrait à un tel point qu'il ne pouvait faire un pas ni même imprimer à son pied le plus léger mouvement. Paralysé, et abandonné de tous les médecins, il se fit conduire à la chapelle et se laissa tomber devant l'image du Bienheureux Jean-Baptiste, qu'il supplia en pleurant de jeter sur lui un regard de pitié et de lui porter secours. Chose merveilleuse, il sentit subitement que ses pieds se ranimaient, qu'ils reprenaient leur force, que le mouvement leur revenait, et celui qui naguère apparaissait comme à demi mort, sembla dès lors ressuscité et pourvu d'une nouvelle vigueur.

Le dimanche, 30 avril 1900, 248e anniversaire de la naissance de saint Jean-Baptiste de la Salle, Notre Saint-Père le Pape Léon XIII a daigné promulguer le décret relatif à l'authenticité des miracles opérés par son intercession.

Sur un signe du Saint-Père, Mgr le secrétaire de la S. Congrégation des Rites a donné lecture du décret déclarant solennellement la validité des deux miracles proposés, savoir : la guérison parfaite et instantanée du jeune Léopold Tayac, atteint d'une très grave pneumonie, et celle du frère Néthelme, affligé d'une paraplégie chronique.

Cette lecture terminée, le Saint-Père a prononcé l'allocution suivante :

« Nous avons la confiance que, s'il plaît à Dieu, ce qui faisait l'objet de nos vœux, c'est-à-dire la glorification du Bienheureux Jean-Baptiste de la Salle, s'accomplira bientôt.

« Et, pour ce motif, que d'abord la Société des Frères des Écoles chrétiennes, fondée et sagement constituée par lui, se réjouisse ; qu'elle s'efforce d'honorer tous les jours plus fervemment son Père qui s'avance vers un accroissement de gloire, en imitant ses vertus et en gardant très fidèlement les règles qu'il a données. Il convient aussi que la France entière exulte et se réjouisse, elle qui a produit cet homme, que ses vertus, et particulièrement sa foi, sa charité, sa patience dans les épreuves, sa force ont élevé au sommet de la sainteté. Que la France se souvienne des bienfaits abondamment répandus par la Société qu'il a fondée pour former les enfants à la religion et à la piété, et qui, de l'avis unanime de tous les hommes équitables, a si bien mérité de la religion et de la société civile.

« Plaise à Dieu que la très noble nation française se propose comme modèle ce héros et d'autres semblables à lui, que, de tout temps, elle a produits ! Puisse-t-elle, par l'imitation de tels exemples et par la répudiation des fausses doctrines qui se répandent impunément, revenir courageusement, avec l'aide de Dieu, à sa grandeur et à sa vertu antiques. »

C'est le 24 mai 1900 que fut célébrée, à Saint-Pierre de Rome, la solennelle cérémonie de la canonisation.

A huit heures, les portes de la basilique s'ouvrent et bientôt 60.000 personnes y prennent place. Dix mille cierges inondent de clarté l'immense vaisseau, une traînée de feu court le long des arcs, couronne le pourtour de la coupole de Michel-Ange, fait briller les ors des mosaïques, étinceler les galons vermeils, flambant neufs, dont on a recouvert les vieux damas cramoisis.

Enfin un mouvement se produit, les têtes s'agitent ; la procession fait son entrée. Parti de la chapelle Sixtine, où le pape a entonné l'hymne que les chantres continuent, le cortège, descendant les degrés de l'escalier royal, a traversé le portique et pénètre lentement sous les hautes voûtes de la basilique.

Défilent successivement la prélature en rouge et violet, la croix papale, les évêques au nombre de deux cents, en chape et mitre blanche ; puis, précédant le pape, les cardinaux revêtus des ornements spéciaux à chaque ordre : dalmatique pour les diacres, chasuble blanche pour les prêtres, chape brodée pour les évêques. Tout à coup, les trompettes d'argent retentissent, saluant l'entrée du pontife, porté sur la Sedia, en même temps que les chantres entonnent le *Tu es Petrus*. Les bras, les mouchoirs s'agitent, un tonnerre d'acclamations ébranle les voûtes. Le Pape, souriant, bénit de la main droite alors que la gauche tient un cierge allumé.

Le pontife prend place sur le trône. Accompagné des postulateurs et de sa cour, le cardinal procureur de la cause du Saint s'approche du trône. Debout, pendant que les autres sont prosternés, il expose son instance au Pape et le supplie de prononcer la sentence de canonisation. Le Pontife fait répondre par son secrétaire, Mgr Volpini, qu'il veut encore implorer l'assistance de Dieu, et l'on entonne le *Veni Creator*.

Deuxième instance du cardinal ; nouvel ordre de prière et, par le chant des litanies, on invoque tous les saints du ciel. A la troisième instance, le Pape se décide. Toujours assis sur son trône, Léon XIII, en sa qualité de chef suprême de l'Église, de vicaire du Christ et de successeur des apôtres, déclare que Jean-Baptiste de la Salle est saint et a droit, dans l'Église universelle, aux honneurs réservés aux saints.

Aussitôt, les trompettes d'argent font résonner une fanfare ; le bourdon de Saint-Pierre fait entendre sa voix puissante à laquelle répond le carillon des cloches des quatre cents églises de Rome. Le Pape entonne le *Te Deum*, que les chantres achèvent.

En raison de son grand âge, Léon XIII n'a pas célébré la messe. Par un privilège extrêmement rare, il a délégué le cardinal Oreglia, en l'autorisant à célébrer à l'autel exclusivement réservé au Souverain-Pontife.

Des chants très beaux ont été exécutés avec précision, sous la direction du maître Mustapha. Un chœur d'enfants, placé dans la partie supérieure de la coupole, de cette hauteur envoyait des notes claires et argentines, donnant l'illusion d'un concert angélique.

Une caractéristique de l'offertoire aux messes de canonisation, c'est l'offrande au Pape, faite par les cardinaux, les postulateurs et autres notabilités, de cierges, de pain, du vin et de l'eau du sacrifice, de tourterelles et de différents petits oiseaux renfermés en des cages dorées.

Enfin la messe est terminée et, du haut du trône, le Pape donne sa bénédiction à la foule prosternée.

Le cortège se reforme; devant la Confession, à l'entrée de la grande nef, les porteurs s'arrêtent. Le trône est placé sur une estrade et, debout, le Souverain Pontife, d'une voix ferme, prononce les paroles de la bénédiction *Urbi et Orbi*, qui autrefois se donnait du haut du balcon de la *loggia* dominant la façade de la basilique.

La cérémonie de la canonisation est achevée. L'Église et la France comptent un saint de plus.

⊹

Saint Jean-Baptiste de la Salle,
priez pour nous.

FIN.

Imprimé par Desclée, De Brouwer et Cie, Bruges.